電池以下

DENCHI-IKA

〔掟ポルシェ編〕

吉田 豪　掟ポルシェ

太田出版

前川 清の巻

007

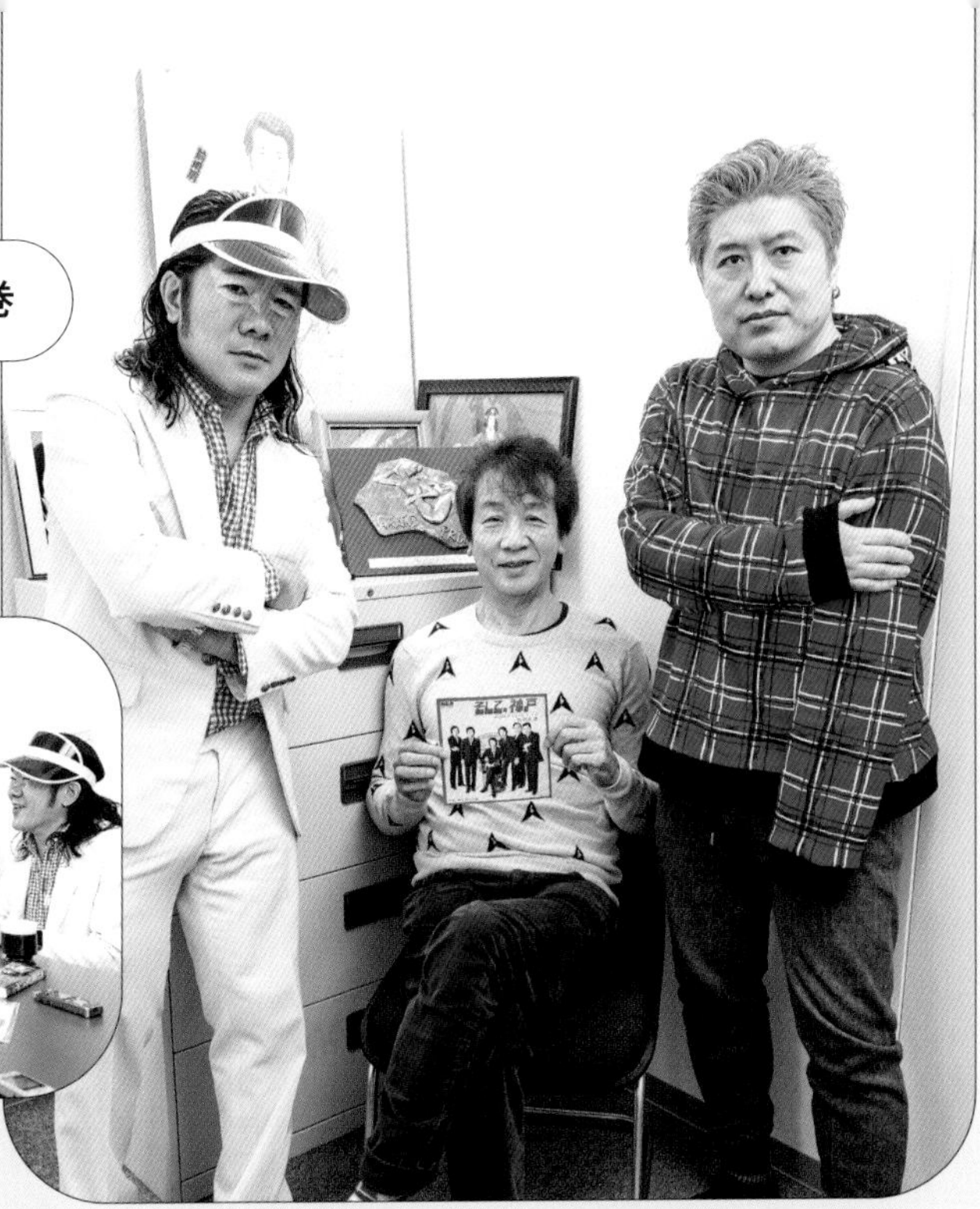

DENCHI-IKA

019

田代まさしの巻

上坂すみれの巻

031

m.c.A・Tの巻

051

067

鬼越トマホークの巻

DENCHI-IKA

DENCHI-IKA

SAILORS

DENCHI-IKA

電池以下

掟ポルシェ 編

まえがき

DENCHI-IKA

ゴリゴリのゲームおたくが主な読者層の雑誌『CONTINUE』で2001年から長期連載され、いまもなお続いているので多分人気ページなのだろう吉田豪with掟ポルシェによるインタビュー連載『電池以下』。合間に数年の休刊期間を挟んだりしつつ飛び飛びながらけっこう長いことやってるということで、この度めでたく単行本化×2。先行して発売された吉田豪編に続いて、掟ポルシェ編の出版と相成ったわけである。

ゲーム雑誌の連載をまとめたものとは言っても、雑誌の性質と猛烈に無縁でゲームのゲの字も出てこないんだがそれもそのはず、インタビューする側の我々が現在ゲームにまるで興味がないからだ。なんで連載持てたんだろう&こんなに続いてんだろう。不思議。

ゲームってのは基本手先の器用な人間が自分の器用さを確認して「やっぱ俺って器用だな！　ウホッ、ゲームおもしれ～！」と高揚するために存在するものであり、子どもの頃からいくつかのゲームをプレイしてみて嫌というほど己の不器用ぶりを思い知らされた俺にとっては、球技など苦手なスポーツと同じでそのおもしろみを理解することがまったくできない。ゲームがこの世からなくなってもぜんぜん問題なし。ロールプレイングゲームに限っては器用でなくてもできると思うが、あれは何も考えずにただいたずらに時間を浪費したいという心の病んだ人がやるものなので、時間を有効に使いたい派の俺にはこれまた無縁。それなのになんで連載持てたんだろう&こんなに続いてんだろう。不思議。

基本、来た仕事はほぼ受けるタイプである。だが、ゲームと心霊関係だけは無理！　なので、NGにしている。あとは野村沙知代のバックバンドくらいだ断った仕事は（その後あれどうなったかなと思ったらニューロティカがやっていてビビった。無意味にサッチーに怒鳴られてもヘラヘラ笑って「すんませんっ（笑）」と受け流していたあっちゃん流石！）。

十数年前に一度だけ、大手ゲームメーカーのゲーム実況の横で適当なコメントをするという、よくわからない仕事をしたことがある。最初、複数人でプレイ可能なシューティングゲームのプレイヤーとして依頼されたのだが、平面ではなく空を飛んだりする動きまであり、絶対に無理なことがやる前からわかった。これ多分自分には死んでも無理なやつですね（だったらそもそも仕事受けんなという話なんだがあまりにギャランティがよくて断る勇気が俺にはなかったです すみません）と言うと、メーカーの担当者から「ゲーム苦手とは言ってもやってみればなんとかなりますよ！　教えるんで試しにやってみましょう！」と言われてコントローラーを持ったものの基本動作もままならずすぐ死ぬので、「……やっぱり大丈夫です。他のプレイヤーの方にツッコミ入れるとか、なんかそんな役割を作ります……」と、あってもなくてもどうでもいい役どころを急遽与えていただいた。実況アナウンサーから当日メインで参加していた美人ゲーマーの方についてコメントを求められ、「○○ちゃんからもらったものなら雑巾の絞り汁だっておいしく飲みます！」とか本当にどうでもいいことだけ言い、肝心のゲームの内容には一切触れずに終了。あれは本当に心苦しかった。

正直、ゲームのことはよくわからない。『CONTINUE』の見本誌が届いても自分のページだけ読み、あとは部屋の適当なところにぶん投げて放置していることを関係者の皆様にお詫びしたい。

掟ポルシェ

もくじ

DENCHI-IKA

前川 清の巻

DENCHI-IKA

PROFILE

前川 清

1948年生まれ。長崎県出身。1969年「内山田洋とクール・ファイブ」のヴォーカルとして、「長崎は今日も雨だった」でデビュー。「噂の女」「そして神戸」「中の島ブルース」「東京砂漠」などが大ヒットを記録。1987年よりソロ活動を開始し「男と女の破片」「抱きしめて」などがヒット。紅白歌合戦にはクール・ファイブ時代に11回、ソロとして18回の合計29回出場。現在も舞台、コンサート、ドラマなどで精力的に活動中。

前川　はじめましてですよね？　よろしくお願いします。どうぞ、不味いコーヒーを。

掟　いえ、とても美味しいコーヒーです！　とりあえず自宅からクール・ファイブのコレクションを、ちょっとだけ持ってきました。

前川　え！　これを持ってたんですか？

掟　はい。ムードコーラス全般好きなんですけど、カラオケで歌うのは「そして、神戸」と「愛の旅路を」で、大好きなんですよ。

前川　「愛の旅路を」！　すごいですねえ。俺もう歌ってませんもん。うれしいねえ。

掟　歌わせてもらってます！　自分は一応ミュージシャンで、ロマンポルシェ。というバンドのボーカルやってるんですけど……。

前川　え！　バンドではどんな歌を？

掟　あの……たとえるなら坂本（龍一）教授が作ったようなテクノポップな感じですね。

前川　ほぉーっ、「雪列車」ですね。

掟　そうです、前川さんでいえば「雪列車」です。教授がドラムを叩きながら作ったという。

前川　そうそうそう、よくご存じで。

吉田　ドラムのレコーディングに時間かかりすぎたから困ったことでおなじみの曲ですね（笑）。

前川　かかりすぎてねえ……。そのときのウチの社長が、「すみません、これいつまでやるんですか？」って、丸一日叩いてたから。

吉田　すごくいいスタジオなわけですよね。

前川　そうですよ！　ほら、スタジオ代がかかるじゃないですか。演歌系はいかに早く入れ替えして何曲録るか。演歌ってそんなに売れないし、経費かけられないから。僕なんかは1日あったらだいたい7〜8曲だけどYMOとか坂本さんなんかになると売れるから、時間かけるのは平気だったんですよ。あれはもう37年前か。クール・ファイブを抜ける前だったからキャンペーンできなかったんですよ。キャンペーンやるとクール・ファイブが休みになっちゃうでしょ。2〜3日やったことはあったんですけど、そしたらクール・ファイブの家族からクレーム来たみたいで。

吉田　ダハハハハ！　「おまえがソロ活動するとウチの家庭が困るんだ！」と（笑）。

前川　そしたら事務所も「ちょっと困るんで」ってことでまたひと揉めあって、面倒くさいなと思って。グ

ループというのは不思議なもんで、同じ程度でいないとダメなんですよね。誰かが頭ひとつ抜けると揉める。僕はもともとクール・ファイブのバンドボーイで楽器運んだりしてましたから、それが崩れちゃいかんのですよ。だけど5年も6年もすると扱いが少し崩れてくるわけですよ。不思議なもんで、最初の頃は意外と内山田洋が前に来てたりしてたんだけど、「そして、神戸」のときには俺がセンターで内山田洋は椅子に座って。

掟　エマニュエル夫人みたいに（笑）。

前川　もうポコチン出したいぐらいの。このとき俺はドキドキで。『紅白』で北島三郎さんがいて誰々がいて、その真ん中で「いや俺、真ん中困るけど」みたいな気持ち。そして、この日から内山田洋が機嫌悪くなったの。

吉田　「なんであいつばっかり」ってなっちゃった（笑）。

前川　やっぱり最初は内山田洋を「先生」って呼んでたわけで。だからグループっていうのはチョコッとそういう諍いがあると、みんないい人たちだったけど、努力する人ではないんですよ。だけど、もともとジャズやってたから音楽的には上の人で。僕は音楽わからないままに歌わされて、そこでちょっとズレが出てきたのかな。それでひとりでやるっていうテストパターンで「雪列車」をやったんです。

掟　それは事務所の方の発案で？

前川　いや、自分で。事務所は問題を起こさないでこのまま稼がせてくれって（笑）。ここらへんで内山田洋とはぎこちない部分が出てきて。大嫌いとかそういう性格的なものじゃなくて、音楽的に微妙にね。みんな平和な人たちだから、俺は平和でいると不安になってくるんですよ。いまでもそうだし。たとえば九州で旅番組やってたりしますけどね。

掟　『笑顔まんてんタビ好キ』、いつも観てます！僕、いま月の半分は福岡に住んでるので。

前川　あら！　じゃあ今度飯食いに行こう。

掟　ぜひ！　よろしくお願いします！

前川　あとでメール交換しよう。旅番組って歌にはあんまり必要がないことなんだけど、東京でダメになって九州で番組やるのは嫌なんですよ。東京でちゃんとやって、「え、こんなとこでもやってるの？」っていうのがいいんだよね。そうすると逆にこっちで頑張らなきゃいけないってなる。旅番組って金を生むわけじゃないし、やっぱり歌で食わせてもらってる自分の生活があるからね。でも、俺は歌っててもぜんぜん自信がないんですよ。

吉田　それはよく言われてますよね。

前川　うん。いまでもそうですよ。ヒット曲があるから食えるって言われても、場所によっては会場にお客さんが7割ぐらいしか入ってないこともある。1ヶ月公演なんかやると、毎日毎日満員ってわけにはいかないんですよ、やっぱり昼の部と夜の部やったら夜の部は少なくなったりする。そうすると「やっぱりお客さん少ないよなあ」「ヤバいなあ、どうなるんだろう」って不安になってくる。

吉田　基本、ネガティブな人なんですよね。

前川　そう、ネガティブ。だって、女性と付き合い始めたときも、別れを考えるからね。

吉田　「いやー、楽しいなー」にならない（笑）。

前川　なんないのよ。いずれ揉めるのかなとか、別れるんだろうなとか考えちゃう自分がいるから、これはもう性格なんでしょうね。

吉田　しかし、もともとちゃんとジャズをやってたバンドがムードコーラス路線になっていったのも、いま思えば不思議なんですけどね。

前川　僕、自分の歌って興味ないから聴くことないんですよ。人の歌にも興味ないし、ただ仕事として歌うっていうだけで。ただ、ときどきラジオとか出て昔の曲をかけたときに聴くと、クール・ファイブはコーラスが洒落てるから古く感じないの。だからこの「女のくやしさ」とか、演歌っぽいけどコーラスの音の重ね合いが妙に演歌じゃないんですよ。それもギター弾いてコーラスでしょ。内山田洋も亡くなってクール・ファイブの40周年で一緒にやったとき、じゃあ2〜3曲、弾きながら歌おうって言ったらやれないの。そして小林正樹というベースギターがなんか軍手つけてるんだよ、手が痛くなるんだって。

吉田　ダハハハハ！　指がつらいから（笑）。

前川　何をつけてるのかと思ったら、「コンビニで買ってきた」って（笑）。そうすると結果的にはコーラスも入れられないわけ。若いときは平気で弾きながらワワワーッてやってたのが、演奏で精一杯で口パク状態ですよ。だからコーラスが流れてるのに小林なんかもう弦ばっか見ちゃってるの。年を取ると演奏もなかなかできなくなるんだなと感じつつ。

吉田　上京して、メンバー全員がひとつの部屋に住んでたというのもどうかしてたと思いますよ。

前川　そう、恵比寿の大信ビル、いまでもあるよ。そこにクール・ファイブが6人みんなで住んでて、2LDKで片方の部屋は女性が住んでるのよ。それもデカいベッドで、彼女は長崎時代から事務所に出入りしてて、その人はちゃんと俺たちの面倒見るのかと思ったら、見やしない。結果的にはそのときの社長のコレ（小指を立てて＝愛人）だったの。

吉田　わかりやすい（笑）。

前川　わかりやすい！　なんにもしないんだよ。なんの気もないし、こっちが色気を感じるものもない。女性ひとりに男6人が住んでたんだから妙だよね。そこには会話もない、帰ってもその女性はいない、妙な生活でね。それが2年も続いて。で、トイレに入ったら内山田洋がウンコ長かったしね。順番があって、やっぱり最初は内山田洋になるから、くさかったなあ……。換気扇もそんなに利くわけでもないし、だから10分過ぎて、15分過ぎてからトイレに行ったの覚えてるなあ。

吉田　クール・ファイブ時代、前川さんだけ給料が安かったって話もありましたよね？

前川　そうそう。内山田洋が「清、おまえ給料を上げてやる」って言ってね、僕が入って10年ぐらいしてから40万になったんですよ、「クール・ファイブには言うなよ」って言ってね。それで内山田洋が亡くなってからメンバーと飯食ったとき、「いまだから言うけど、あのとき俺コソッとリーダーに呼ばれて40万にしてもらった」って言ったら、クール・ファイブは100万もらってた（笑）。

掟・吉田　ダハハハハ！

前川　それで腹立ってさあ。この内山田洋っていうのは計算高くて、音楽出版の権利を持ってたの。俺たちはなんにも知らないし、あのときちょっとでも知ってればね。いまはなんにもない、ただ現場で働いて、印税も何もない。吉幾三とかホントうらやましいよ。

吉田　自分で曲を作って歌う人が。

前川　ゆったりとした仕事ぶりで、腹立ってくるよね。「何をそんなに急いでるの？」みたいな顔されて、コノヤロー！　みたいな（笑）。ハワイに行ったときには、「お、前川ちゃん来てたの？　僕は1ヶ月ぐらいいるんだ」って吉幾三が言っててね。僕なんかすぐ帰って仕事しなきゃいけないのに……。

掟　そのときは事務所側じゃなくて内山田さんがレコードの原盤権を持ってたってことなんですか？

前川　そのときの社長さんと内山田洋が原盤を持ってたんですよ。だけどメンバーはそういう計算高い人はいないし、そういうものがあるってことも知りませんから。40万で喜んでたんだから。一口でも入ってればなあ。

掟　収入の桁が違ったでしょうね。

前川　だから、こうやって旅番組をとかいろんなことをやってるのかもしれないね。もともと芸能人になりたいっていう気持ちもないし、芸能でデビューするって言われたとき、「いくらになるんだ？」って聞きましたからね。「上がるのか？」って聞いたら「下がる」って言われたの。デビューしたら営業もないから。それで「やめた」って言ったの。

吉田　地元で歌うほうが儲かるから。

前川　そう。でも、東京の付き合いもあるしっていうことで、社長が「行ってこい」っていうんで嫌々行ったんです、それで作ったのが「長崎は今日も雨だった」で。終わったと同時に、翌日の夜行電車ですぐ帰ったの。「もう東京は嫌だ！」って言って。まず芸能界に興味がなかったし、それがいまも続いてるんでしょうね。だからいま歌いたい気持ちもないし、食っていくために歌ってるんだけど、いまはお客さんがいないと食っていけないですからね、そこが昔とは違ってきてね。

吉田　あくまでも仕事なんですね。

前川　だから僕は「たくさんのお客様に聴いていただこう」って発想ではないんですよ。少なくてもお金もらえりゃいいんです。食っていけたらいいの。だから歌ってて幸せだなとか、自分自身でうまいなと思ったこともないし、俺の歌でなんで50年やってきたのかわからない。勉強したこともないしね。

吉田　同業者でもかなり珍しいタイプですよね。

前川　珍しいですよ。いろんな歌い手さんいらっしゃいますよね、北島さん、五木（ひろし）くん、森（進一）さんにしても、みんな歌い手になりたいのが出発の人だから、変わったタイプですね。僕は九州電力で働きたかったんですよ。要するに生命保険でもなんでもいいんだけど、潰れない会社ですよね。

吉田　手堅いところで稼ぎたかった。

前川　そうそう、だって「そして、神戸」なんかのときも、まだ考えてましたからね。

掟　まだ！

前川　うん。グループだから、いつも不安がつきまとってた。ネガティブだから、いつかダメになる、ダメになったらこうしないと食っていけないっていうのがずっとあるの。ヒット曲が生まれて、たとえばこれで印税が入ってきて50年保証されるんだったら違うんでしょうけど、なんにもないわけですよ。

吉田　「長崎は今日も雨だった」もすぐ売れたイメージがありますけど、実はぜんぜん違うんですよね。渡辺プロに入ってから変わってきたんですか？

前川　最初はそうやって言われて東京に来て、あとがないわけですよ。レコード店回りも行ったら、「邪魔だ」「ちゃんと言ってから来い、勝手に来るな」って追い返されて。結果的には何ヶ月か売れなかったんですよ。それで当時は渡辺プロというのがすごかったんで、内山田洋と社長が話したんでしょうね。上層部の話だから、どうして渡辺プロに入ったかはわからないですよ。結果的にはいま考えると営業系も半分なら半分、渡辺プロがもらいますよ、と。その代わりウチに

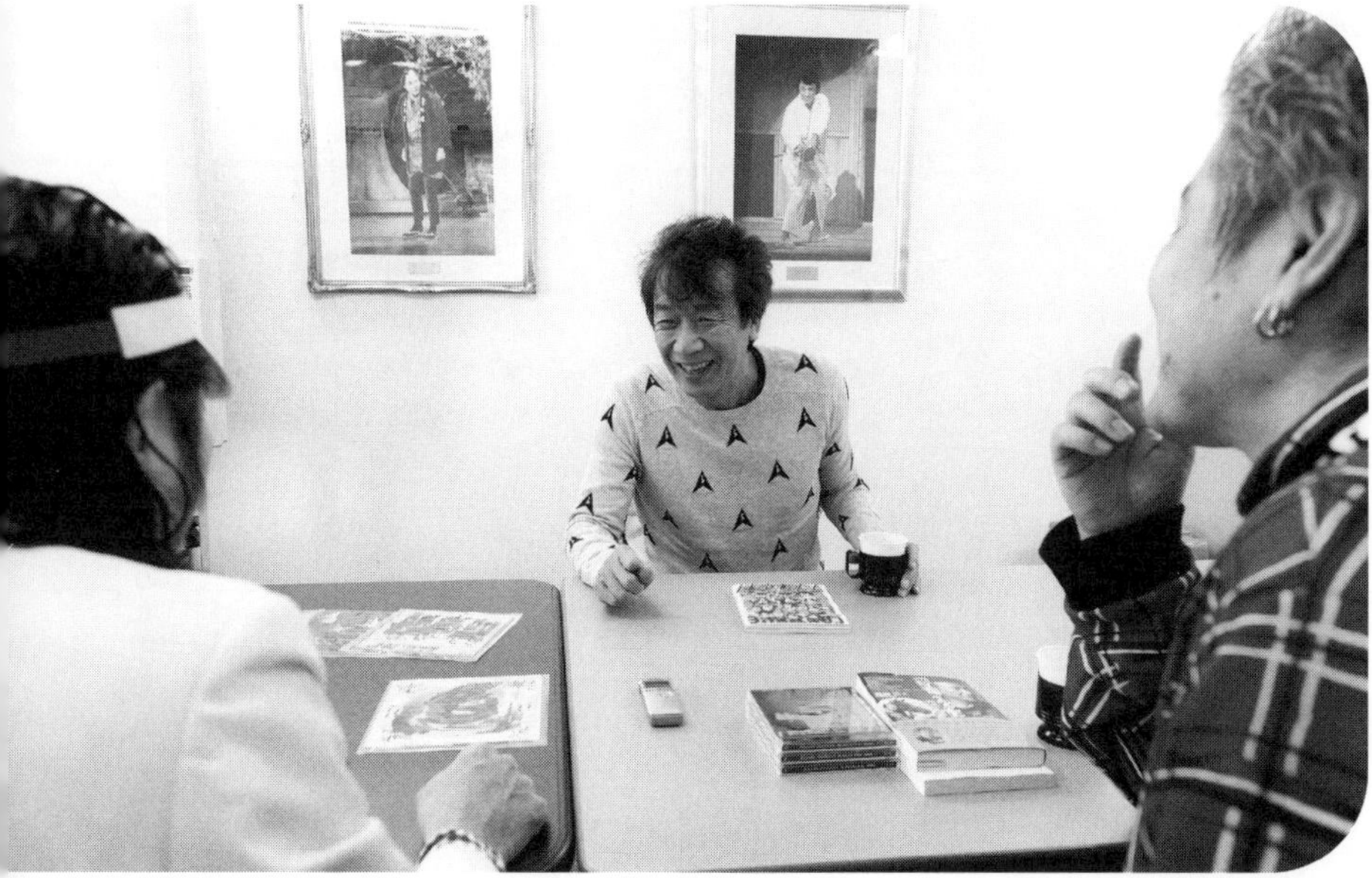

来たらテレビは出しますよっていうことだったんでしょうね。渡辺プロに入った途端にテレビに出ましたから。『お昼のゴールデンショー』っていう、いまの『バイキング』の時間帯に月〜金で毎日そこで歌ったんですよ。

吉田　それは効果も絶大ですよね。

前川　だって出たと同時に4〜5万枚売れるんですよ。だから、いま考えると事務所の力ってすごいね。結果的には渡辺プロでテレビに出たことで人気が出たんですよね。だけど渡辺プロから作られたグループじゃないんですよ。クレージーキャッツだったりザ・ピーナッツだったりジュリーだったり森進一さんっていうのは渡辺プロが作ったんですよ。

吉田　でも、前川さんは外様だった。

前川　そうそう。そうすると森さんとかはキャバレーとか絶対に行かせないんですよ。俺たちには、「おいキャバレー行け、キャバレー行け」。それはしょうがないですよね。それで僕らはキャバレーを毎日回ってました。

吉田　ボクはタレント本が大好きなんですけど、前川さんぐらいのキャリアでなかなか本を出さず、ようやく出したと思ったら競馬の本と旅の本っていうのも、あんまりいないタイプなんですよ。自伝的なものを出さないんだなって。

前川　それはね、「自伝的なもんを出しませんか?」って誰も言わないんですもん。

掟　そもそも話がなかった（笑）。

前川　よーく考えたらそうですよね、藤圭子さんとの結婚と別れもあるし、内山田洋といろいろあったり、そりゃおもしろいことといっぱいありますよ。俺も馬の話してもしょうがないとは思ってたんだけど（笑）。言われたから馬の話したけど、たぶんこれおもしろくないなって。だから俺、読んでないですよ。

掟　自分の歌も聴かず、本も読まない!

前川　うん、映画をやっても観ない。テレビもそうだけど、自分を観たくないんですよ。俺、歌うときは必ずあがるの。だから、いまだに安定剤を飲みますからね。ふつうのときはいいんですよ。でも、テレビだけはダメ!

掟　そんなに!

前川　音合わせまでは調子いいのよ。本番になると間違えるんじゃないかとか、音程が外れたらどうしようとか、自信がないの。どうしてそうなったかっていうと、生番組の掛け持ちで音合わせできなかったことがあるんですよ。代わりに担当のマネージャーが音合わせに行って。で、「東京砂漠」って「あなたがいれーばー」って繰り返しが何回あるか番組の尺に合わせるんですよ。そのときは3回繰り返してって話だったのに、本番で2回繰り返したところで曲が終わっちゃったの。ところがこっちは3回って聞いてるから、「あ

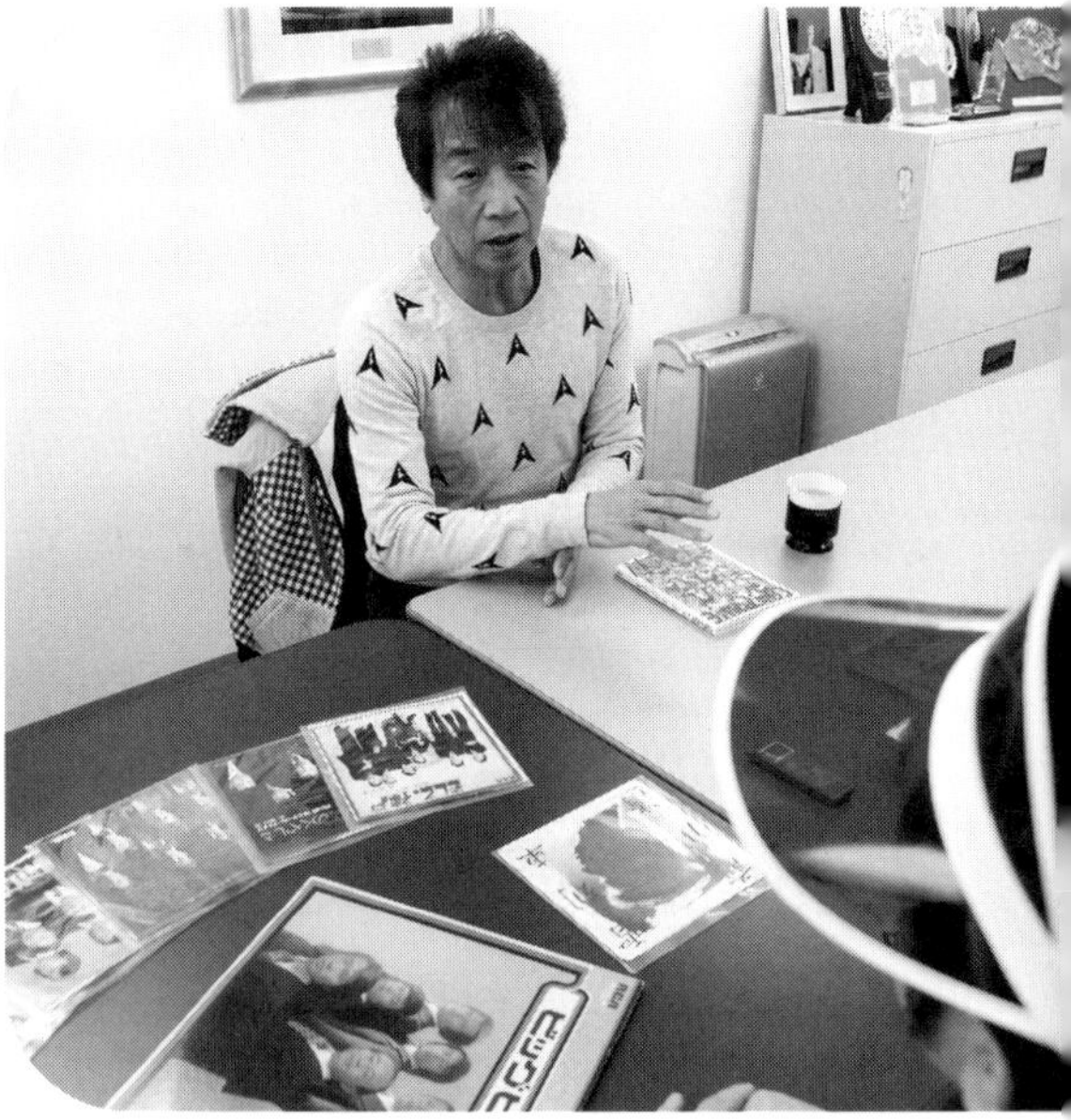

なたがいれーばー」って演奏止まってるのに歌っちゃって、お客さんもシーンとしてて。「すみません、もう1回！」って言ったら、下からプロデューサーみたいなのが、「生！　生！」「えーっ、生なんだこれ！」って。それから1年間、テレビ東京に出入禁止。

吉田　うわーっ！　それだけで！

前川　それから怖い、失敗したらどうしようってなっちゃった。ふつうどおり歌ってればいいんだろうけど、よく見せようとか実力以上に聴かせようとか、変な考えもあるんでしょうね。自然でいながら、なんとなく歌のなかでは自然じゃない自分がいるんですよね。

吉田　生番組がそこまでのプレッシャーだと『紅白歌合戦』とかけっこうな地獄じゃないですか？

前川　だから『紅白』はもう7～8年出てないんだけど、まあホッとしましたね（笑）。

吉田　プレッシャーから逃れられた。

前川　そう、ホッとした！　そこで、「ああ……俺も『紅白』落っこちた」とか、なんにもない。29回も出してもらいましたから。

掟　じゃあ前川さんの場合、テレビで歌ってて気分がノッてくるとかはないんですか？

前川　ない（あっさりと）。ふつうのショーのときにはありましたよ。いまでこそユーモア交えていろんな話をしながらショーをやるけども、あれはなんで笑いを持ってくるかっていうと、俺たちもデビューして10年ぐらいは何もしゃべらなかったんですよね、「本日はありがとうございます。では『長崎は今日も雨だった』」ぐらいでワーッとなるの。「では『噂の女』」、ワーッとなってたの。でも、そのうちワーッと言わなくなったの。

吉田　そんな理由！

前川　お客さんも飽きてくるんじゃない？　そこでちょっと待てよ、何かしゃべらんといかんなってことで会話を始めたの。でも、今日はこんなにレコードを持っていただいてうれしいねえ。じゃあ電話番号交換しましょうか。

掟　ありがとうございます！

前川　ポルシェで登録しましたから。福岡にいるときはいつでも連絡してください。

掟　ありがとうございます！

前川　遠慮しないで電話してよ！

田代まさしの巻

DENCHI-IKA

PROFILE

田代まさし

1956年生まれ。東京都出身。1980年、シャネルズとしてデビュー。ラッツ&スターのメンバーとして活躍。1986年頃から志村けんの番組に多数出演。「ダジャレの帝王」と呼ばれお茶の間の人気者となる。しかし2000年に女性の下着を盗撮しようとした容疑で書類送検され、芸能活動休止。復帰後、2001年に風呂をのぞいた軽犯罪法違反容疑で現行犯逮捕。その際、自宅から覚せい剤が見つかり覚せい剤取締法違反容疑で逮捕された。さらに執行猶予中の2004年に再度、覚せい剤取締法違反で逮捕。懲役3年6ヶ月の実刑判決となり服役。2008年に復帰し、活動を再開。しかし2010年にまたしても覚せい剤取締法違反の容疑で逮捕された。2014年に出所。その後は薬物依存症のリハビリ施設、ダルクのスタッフとして勤務。薬物依存についての公演活動などを行なっていたが、本インタビューの4ヶ月後、2019年11月覚せい剤取締法違反、大麻取締法違反で5度目逮捕。3度目の服役を終え、2022年10月に出所し、現在は保護観察中。ダルクでリハビリを続けている。

掟　田代さん、お久しぶりです！　今日はマーシーズのTシャツを着てきましたよ！

田代　おお、ありがとう！

吉田　ボクはクワマンTシャツですけどね（笑）。

田代　なんでそうなんだよ、コノヤロー！　これだけで人となりがわかるよね（笑）。

掟　そして田代さんに、ちょっとプレゼントを。（手打ちうどんセットを取り出して）こちらの白いものを存分に打っていただいて。

田代　やったー、うれしい……コラーッ！

掟　この白い粉を水を入れて溶かして、それで打つんですって。これ田代さんが黒羽刑務所入ってるときにたまたま香川県で見つけて、これは田代さんのために買わなきゃダメだと思って。でももう賞味期限切れてます。

田代　バカヤロー!!　あのね、ちょっと情報が間違ってるんだよ。何刑務所って言った？

掟　黒羽はその前でしたっけ？

田代　そうです。前回は府中刑務所だから。

掟　ああ、近場でよかったですね。

田代　うるさいコラ！　ホントに油断も隙もない！　このふたりが相手だと油断していろんなことしゃべりすぎちゃうんだよ。こいつら汚いよ、話さなくていいようなことまで自然と出てきちゃうからね、危ない危ない！

掟　……というやり取りが田代さんとまたできるようになって本当によかったですよ！

田代　ありがとうございます。

吉田　また安心してイジれるようになって。

田代　お茶、1本いただいていいですか？

掟　田代さん、冷たいの好きですからね。

田代　そうなんだよ、あったかいのよりは冷たいのが……やかましいわ、コノヤロー！

掟　そういえば田代さんの出所直後にダルクの方々にインタビューに行ったんですよ。

吉田　ボクも田代さんの出所イベントで一緒だったんでダルクの代表にも会いましたけど、思った以上にファンキーな人でしたね。

田代　ファンキーなんですよ。でも、このふたりはちゃんとそのことについて勉強するから偉いよね。変な先入観だけで来ないから。

掟　何をおっしゃいますか、田代さんとはずっと一緒にやってきた仲じゃないですか！

吉田 マーシー☆ポルシェというユニットでね。ボクは前回の逮捕までは『BUBKA』で田代さんと連載したり、イベントで絡む機会も多くて。

田代 なんなんだ、このつながりは（笑）。正直な話していい？　最初はついに俺もアングラな世界に来たなと思って（笑）。失礼な話だけど、でもそこが一番あったかかった。

掟 やっぱりあったかいものもいいですね。

田代 おい、俺はいまいい話してるんだよ！

掟 出所後のインタビューではこういうことが言えない雰囲気だったんですよね。田代さんが完全に反省してないといけない、ボケちゃいけない人になっちゃってたんですよ。

田代 そこに葛藤があって。かといってふつうにまじめにやると「こいつおもしろくなくなっちゃった」ってなるじゃん。どこまでみんなを笑かしていいのかすごい探りながら。

吉田 毎回それで悩んでましたよね。

田代 そうそう、すごい悩んで、それでまた使っちゃうんだよ……やかましいわ！

吉田 ボクはそこまで言わせてないですよ！

田代 俺を悩ませちゃダメなんだよ！

掟 ノリツッコミ早すぎですよ！

田代 悩んだり追い詰められるとね。それで、今日のインタビューの趣旨はなんなの？

吉田 今日はこんな感じですよ。

田代 え、いま「粉の感じ」って言った？

吉田 そこでボケないでも大丈夫ですよ！

田代 ダルクの近藤（恒夫代表）さんとかひどいからね。たとえばちょっと寝不足でウトウトってするじゃん。そうするとすぐ近藤さんが、「切れ目？　大丈夫？」って。切れ目も何も使ってないのにそういうこと言ってくるし。掃除とかもキマッてるときは細かいとこまで目につくからものすごい真剣に掃除しちゃうの。適当にやらなきゃって思いながらも、きれいにしなきゃいけないって頭があるから真剣にやってると「大丈夫？　なんか使ってない？」とか言ってくるんだよ。一番ひどかったのは、近藤さんが小さい声で「マーシー、マーシー」って言うんだよ。「え、近藤さんなんですか？」って言うと、「俺なんも言ってねぇよ、幻聴か？」とか言うの。

吉田　そうやって追い込む（笑）。あの人は世間で誤解されてますよね、ボクも会ってビックリしました、こういう呑気な感じの人なんだって。

田代　ああいう人だからみんなついてくるんだと思うよ、自分も覚醒剤の経験者だしね。

吉田　しかし、田代さんがダルクに入ってこんなにちゃんと続くとは思いませんでしたよ。

田代　いや、俺もビックリなんだよ。いままで出所して3年半後に必ず捕まってるんだから。で、またやり始めて捕まって、今回はまじめにやらなきゃって3年半頑張るんだけど、だいたいそこらへんで「まだこんな状況か……」みたいなところでちょうど向こうからやって来るんだよね。今回初めて出所後ダルクにつながって、やっと5年経つんだよ。でも簡単にスッとやめられたわけでもない。

掟　やっぱりいろいろ寄ってくるんですか？

田代　寄ってくるし、たとえば最初の頃はなるべく芸能チックな活動はしないようにしてたんだけど、「知り合いの社長さんの誕生日なんで」とかって呼ばれたりするじゃん。そうするとチップとかもらうんだけど、そのチップがパケのなかに入ってたりするんだよ。

吉田　えぇーっ⁉

田代　「もう勘弁してくださいよ」「気持ちはいただきますけど、次回からパケやめてくださいね」って。なかには塩とか岩塩とかをそれらしく袋に入れて、「ほら、こんなにたくさんあるぞ！」とか言ってくるのもいて。

吉田　掟ポルシェパターンだ（笑）。

田代　イジッてもらえるのはありがたいんだけど、前は極力それに触れないようにしてたの。いまは全部受け入れようと思って。捕まったときの写真あるじゃん、ゲッソリ痩せた。あれも、「あの写真を使うのちょっと勘弁してください」って最初の頃は言ってたんだけど、いまはようやく「こんなんなっちゃうんですよって啓蒙活動に役立つんであれば、どうぞ使ってください」って言えるようになってきた。それはダルクに行っていろいろ勉強したり、いろんな人を見てきたり、いろんなところで伝えてきたからだろうなって。

吉田　ダルクでやり続けてる限りは大丈夫。

田代　大丈夫。だいたいみんなそのうちいなくなっちゃうんだよね、また使っちゃうと。

掟　ダルクに入ってよかったですね。田代さんが捕まったあと、Kダブシャインさんが「ダルクとか入ったらおしまいだよ、中に売人がいっぱいいるから、ああいうところに入ると一番危ないんだ」って言ってて。

田代　「ダルクで出したらみんな買う、みんな経験者だからあそこに行けばすぐ売れるから」って考え方もあるし、たしかにそういう危険性もあるよね。

吉田　ニーズは間違いなくあるだろうし。

田代　ふつうのところとは手を差し出す数が違う。それ出されたらアウトってヤツいっぱいいるのよ。俺ももう5年目になるけど、目の前にポイッてやられたら、とりあえず足で引き寄せて……とりあえずだよ、そのあと悩むと思うけど、手を出しちゃうだろうね。

吉田　アルコール依存症でもなんでもそうですよね、完全にやめるのは絶対に無理だし。

田代　そうそう、アルコールもそうだしゲームの依存症とかも。ゲームの雑誌で申し訳ないんだけど。だからこの雑誌が儲かるわけだよ、そういうシステムになってるんだから。

吉田　ですね、ここの編集は売人ですよ！

田代　おまえらが売人か！……まあ、豪くんの前の取材でもそういう話になったけど、俺も変なイメージがあって最初からダルクを信じてたわけじゃなかったの。怪しい宗教みたいな感じがして、俺、広告塔になっちゃうかもしれないと思って。向こうは俺を利用してるのかもしれないなって。だって何回も言ったように、刑務所から出たその日にダルクにつながって、近藤さんが出所祝いに連れてってくれたのがしゃぶしゃぶだったから。

吉田　そういうタチの悪いことを仕掛けて。

田代　もう漫画みたいな話じゃん。ここ絶対無理だよ、こんなとこ絶対に早く出ないとって思ってさ。それで食い終わったあとに、「次は焼肉のあぶりな」とか言われたの（笑）。

掟　フルコースじゃないですか！

田代　この人たち絶対まじめに治そうとしてないじゃんと思ったけどね。でも、ダルクに変な人はいっぱいいるよ。だって世の中ふつうにしてたって変なヤツがいっぱいいるわけじゃん。ましてやずっと覚醒剤を使ってたようなヤツはおかしくて当たり前で。一番怖かったのは、30歳ぐらいの若いヤツが突然「お久しぶりです」って言うから、「え、会ったことあったっけ?」「ええ、その節はホントお世話になりました」「え、どこで?」「田代さんは知らないかもしれないですけど、『め組の人』と『夢で逢えたら』を作曲したのが僕なんです」って言うの（笑）。「は？　たしかそれは大瀧詠一さんとか井上大輔さんが作ってると思うんだけど」「表向きはそうなってます。僕はあの頃若かったんで、大人たちが無茶してみんな自分たちの手柄にしてしまいましたけど、僕が作ったんですよ」と。挙げ句の果ては、「BOØWYの『マリオネット』も僕が作りました」って（笑）。

掟　才能ありますねえ！　ただ、その人は薬物じゃなくて統合失調症的なものかな、と。

田代　だからみんな薬物だけでそうなってると思ってるじゃん。薬物だけじゃなくて何か原因があって薬物を使ってる人がけっこう多いんだよ。世の中の人は「薬やめなさい」って言うけど、薬を奪っても問題だけが残るから、そこが逆に危険なんだよね。だから統合失調症とかアダルトチルドレンだとか生い立ちとかそういうとこまで深く掘り下げていかないと、薬だけを取り上げても意味がないことだって。ようやくここ最近で、重要なのは薬をやめることではなくて、どう生き方を変えるのかってことが大事なのかっていうところまでたどり着いたんだけど。近藤さんはいつも「薬物は『やめられません』って言える地域社会じゃないとダメだ、正直な自分を出せる社会じゃないとダメだ」って言ってるんだけど、いまそんなこと言わせない社会じゃん。記者会見で、「誰々さん、もうやりませんね」って言われたとき、「いやぁ、お約束できないんですよ」とは言えないじゃん。ホントは自信ないのに、「もう二度とこんな不祥事は起こしません」って言うしかないの。

吉田　土下座する勢いで。

田代　こないだの田口（淳之介）くんのときも彼が言うかどうかは別として、「いや、お約束できないんですよ。その代わり、今日1日やめる努力はお約束するので、そこで手を打ってもらえないですか？　長いスパンで見てもらえないですか？」って言えないとね。

吉田　未来のことはわからないですからね。

田代　わかんない。「明日のことはわからない」って近藤さんが自分で言ってるから。絶対はないいんだから、どんなことが起こるかわからないのに、「もう二度としません」って言わされちゃう世の中、そこに問題がある。

吉田　で、二度目にやったら完全アウトな世界で。

田代　アウト。俺、三度目だからね。

掟　三度目の正直！

田代　正直じゃねえよ！

吉田　でも最近って、失敗が1回でアウトになる世の中になってきてるじゃないですか。

田代　なってきてるね。臭いものには蓋じゃないけど、みんな排除されちゃうじゃん。でも、たとえばパイロットだと、その代わりをもう1回育てるにはすごいお金かかるから、アメリカなんかはそいつを病院とか施設に入れて治してからもう1回やるかやらないか決めるらしいんだよ。それとか「コカインやりましたね、奉仕活動しますか？　自助グループに入りますか？　病院に入りますか？　それとも罰金を払いますか？　お金を払えないなら刑務所に行きますか？」ってチョイスがいっぱいある。自分が選んだからには責任を持とうとするわけ。でも、日本は「はいあなた刑務所で懲役何年」って、自分で選んでないからそこに責任を感じないんだよね。

掟　そういうことなんですか。

田代　そうだよ、俺はね。アメリカとかヨーロッパの考え方は、その人にとって何が回復に一番役立つかで選んでくれる回復的司法なんだよ。で、こっちは「回復」って言葉を使わないで「更生」って言うじゃん。「俺たち病気なんですよ」って言ってるけど、あの人たちは病気だと思ってないから「更生」。

吉田　病気扱いは甘えぐらいの感じなんですね。

田代　そう、甘えだって言うでしょ。保護司の方とか刑務所を出てすぐに世話をする人たちも、「病気って言ってるけど意志が弱いだけだよ」って言うの。でも、近藤さんは俺に「おまえは意志の強いヤツだな」って言うわけ。「なんでですか？　意志が弱いってさんざん言われるんですけど」「みんながやめろやめろってあんだけ事件起こしたのにやり続けてるじゃねえか。どんだけ意志の強いヤツなんだ」って（笑）。近藤さんのその発想の転換がどれだけ俺たちを救ったか、それがあの人のカリスマな部分だけど、さすがだなと思うよね。あと「また覚醒剤の夢を見ちゃいましたよ」って言うと、「いいじゃねえか、やってねえ証拠だ。やってたらそんな夢見ねえから」とか、そういう発想力はさすが。

吉田　たしかにいいですよね、夢でやってる分にはタダだし、捕まりもしないっていう（笑）。

田代　夢だとね（笑）。ちょっと意味が違うんだけどなあ……。この世の中から薬とかなくならないわけじゃん。だから誰かが少しずつ変えていかないと、同じような過ちを繰り返す人たちがどんどん出るだけなんだよね。

吉田　罰では治らないですよね。

田代　罰では治らないんだよ。だってそれ治療じゃないじゃん。世の中って人の悪いことを正そうとする人ばっかりなんだよ。寄り添うって考え方がない。近藤さんは「俺たちぐらい寄り添うってヤツがいてもいいだろう、現にそれで治ってるヤツがいっぱいいるんだ」って言うけど、そういうことは大切だなって。

吉田　罰として仕事は絶対に干さないとダメだ、みたいな風潮があるじゃないですか。

田代　そこ逆に「いいよ、頑張ってもう1回やりな」って言われたら死ぬ気でやるよね。だけど俺がダルクで電話番してたら、「おまえんとこの会社あんな犯罪者を使っていいのかよコノヤロー！」ってクレーマーから電話かかってきてさ。「あんな犯罪者と申しますと？」「田代まさしだよ！　なんであんな犯罪者

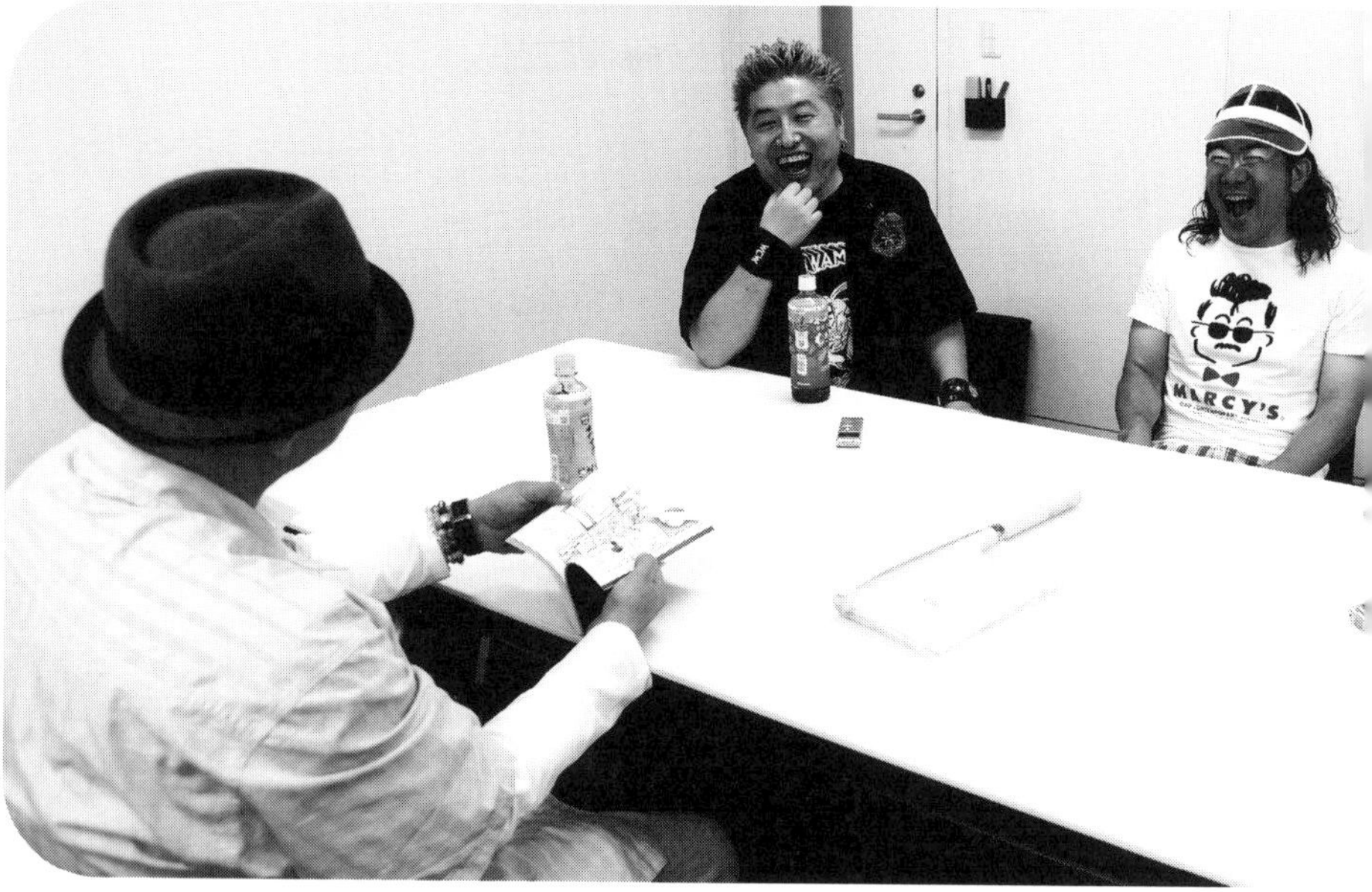

を雇ってんだよ！」「すいません、お言葉を返すようなんですけど、ウチの会社みんな同じ経験者なんですよ」って言ってさ。

吉田　むしろ田代さんは軽いぐらい（笑）。

田代　「は？　そうなの？」って、そんな世の中なんですよね。ダルクはここ（太田出版）から近いんだけど、地方ではダルクを建てるだけでも近所からの反対運動とかあるから。だからなるべく山の上のほうのみんなに迷惑かからないところに作ろうとするんだけど、それさえも「反対！」って看板ずっと建てたりするんだよ。そしたら近藤さんが「助かったよ、道わかんなかったけど看板を見てたら着いた」とか言ってさ。

吉田　ポジティブ！　あと最近、田代さんがご家族と和解してきてるのもよかったです。

田代　そうだね、そこは大きいよ。娘がようやく食事に行ってくれるようになったりね。

吉田　ご家族で食事したって話を聞いたり、息子さん（撃鉄〜Magic, Drums & Loveの田代タツヤ）と一緒にDJやったり、本当によかったじゃないですかって思いますよ。

田代　ありがとうございます。……でも、あんまり誉めないで。誉められたらまた使っちゃうかもしれないから！　ほかにご質問は？

掟　最近、ピエール瀧さんがコカインで捕まりましたけど、田代さんはどう思います？

田代　俺はまだ人のこと言える立場じゃないからさ。みんなは俺のこと前からプロフェッショナルみたいに思ってる人が多いんですけど、半年やっちゃ捕まり半年やっちゃ捕まりぐらいなんだよ。最初は始めてから半年で捕まってるし、そのあと出てきてまだ大丈夫だろうって半年やって捕まって。だからそんなにヘビーユーザーではないんだよ、俺。

吉田　実は語れるほどじゃない（笑）。

田代　勉強はしたけど、20年やるとどんなふうに体に影響を及ぼすとか推測でしかわかんないから。一概に言えないけど、だいたいそういう人たちは何回も同じこと繰り返してる人が多い。だって俺なんかヘビーユーザーじゃないのにこんなんだよ？　何回言われても手を出しちゃうし、大切なものを引き替えにでもやっちゃうんだから。娘からメールが来たり一緒に食事することがこんなにうれしいのに、それを引き替えに薬を取っちゃう男じゃないですか。みんなそうなるらしいから薬の及ぼす魔力は計り知れないというか。なんでやめられないかみんなに伝えるにはどうしたらいいかって、やっとこさたどり着いた答えが「1回やってみてください」なのね。

掟　まあ、やったらわかりますね（笑）。

田代　「マーシー、これやめられないわ」って絶対に言いますから。勧めてるわけじゃないんですよ、でも、やったら確実に「なるほど、これじゃやめられませんわ」ってなる。

吉田　「おまえの意志が弱いからだ！」って言う人は、やってみればわかるはずだ、と。

田代　やってみればわかります、100パーセント言います。そして大切なもの全部なくしますよって。ただ、過去は変えられないけど未来は変えられるって信じてるし、薬やめることじゃなくて生き方を変えよう、と。いままでは鈴木雅之の横にいて輝いて、志村けんの横にいて輝いて、最終的に近藤さんの横にいて輝けばいいのかな。だからべつに芸能界に固執しないでそうやって活動していけば、自然ともう1回音楽とかって話になればいいし、お笑いって話になればいい

し、あんまり気負わないで生きていこうかなと思って
て。あと、これだけは報告しておかないと。
掟　なんですか？
田代　掟くんさー、バンドの営業で客にちくわを食わせるってネタやってるだろ？
掟　やってますやってます！
田代　実はちくわのネタをちょっと盗んでやらせていただいてます。あれウケるんだよ。
掟　え！　あれパクってるんですか？
田代　パクってるよ！　おまえのは客が逃げ惑うじゃん。でも、俺のはババアとかが「やりたいやりたい！」って喜んで来るんだよ。
掟　事後報告！　でも、うれしいです！
田代　俺の場合、「こんな私ですけどこれからもみなさん応援していただけますか？　応援するって方、手を挙げてもらっていいですか？」って言って、手が挙がったら、「じゃあ、これからみなさんに証明させていただきます」って言って、ポール・アンカの「君はわが運命」って曲を歌いながら客席降りてって、ポケットからちくわを出してキス。すっげえウケるよ！
掟　あのちくわポッキーゲームをすることによって、いま子どもの給食費を払ってます！
田代　そんな切羽詰まったギャグを勝手に盗んでしまって申し訳ない！　じゃあ、「これ掟ポルシェのネタなんで」って言っとくよ。
掟　そんなもんにパテントないですから！

上坂すみれの巻

DENCHI-IKA

PROFILE

上坂すみれ

2012年テレビアニメ『パパのいうことを聞きなさい！』の小鳥遊空役で本格的に声優デビュー。昭和歌謡、メタルロック、ロリータ、プロレス、髭など多方面に興味と知識を併せ持つ、唯一無二の声優アーティストとして多方面で活躍中！ 3rdアルバム『ノーフューチャーバカンス』に収録されている掟ポルシェ提供の楽曲「チチキトク スグカエレ」は、父親が危篤のときに声優アイドル泥レス大会に行こうとするオタクのどうしようもない思いを歌詞にした楽曲。

吉田　掟さんが最近やった『別冊チャンピオン』の上坂さんの記事は筆談インタビューだったんですよね？

上坂　そうでしたね、その節は大変失礼いたしました。

掟　上坂さんが喉を痛められてて声が出せないって言ってるのに、俺がいま東京と福岡を行ったり来たりの生活なんで、そのタイミングでインタビューしないと無理だったんですよ。結果的に筆談するのを俺がずっと見て。

吉田　チャットみたいな感じになって。

上坂　そうなんですよ。パソコンで文字を打ち込むのぜんぜん慣れてなくて、すごい遅さでホント申し訳ありませんでした！

掟　いえいえいえ！

吉田　ちなみに、筆談インタビューでも現場はそれなりに盛り上がるものなんですか？

上坂　私は声の出ようがないので静かでしたねえ～。誌面では賑わいあったんですけど。

掟　上坂さんのトークめちゃくちゃおもしろいんですけど、筆談になると格段に量が減るっていうのがあるんで。秋田書店の会議室でカタカタカタカタッて音だけが響いてました。

上坂　そう、あれは寂しげな風景でしたね。でも、そのおかげでキャベツの切り方とかを直接おうかがいできたので、あのときの経験を基にライブでやらせていただいてます。

掟　……っていうか、ライブでキャベツの千切りがいまは定番化してるんですね（笑）。

吉田　まず、その流れをちゃんと説明しましょう。ふたりの出会いはどこだったんですか？

上坂　もともと私が東海ラジオでやっていた番組にゲストで来ていただいたんです。すごい学術的な番組で、「掟さんが教えるニューウェイブの歴史」みたいな、すごく系統立てて教えていただいて。そのときにいろいろなロマンポルシェ。のCDなどもいただきまして。

掟　ロマンポルシェ。のCDと『DJロマンポルシェ。のNewWave愚連隊』というコンピレーションアルバムをプレゼントして。

上坂　イタロディスコは好きだったんですけどニューウェイブはまたちょっと違うというか。テクノともちょっと違うし、DEVOを初めて聴いたときとロマンポルシェ。の歌を初めて聴いたときの印象が似ていたので、こういう少ない音で死ぬほど盛り上げるのがニューウェイブっていうジャンルなのかなって。

掟　まあ、ほぼ正解ですね。

上坂　これをいまやられてるのは掟さん以外に見たことがないなと当時思いまして。去年アルバムを作るにあたって、アルバムオリジナル曲をどなたにお願いしようかと考えていたときに、掟さんは元気だろうかって。でも、調べたら掟さんは曲提供をほぼなさってなくて。

掟　はい、曲を作るのが極端に遅いんで。

上坂　そうなんですね！

掟　音数が少ないのは曲を作る速度が遅いんで増やせないんです。能力的な問題です！

上坂　そうでしたか！　あまり深いことを考えずにお願いしてしまって掟さんをすごく苦しめてしまって。しかも何も知らなくて、「え、これはデモだから音数が少ないのかな、もうちょっと増やしてもらえますか？」とか、ニューウェイブのなんたるかをわからず、これが完成形だということを知らずに。でも結局、デモに一番近い形で歌を入れさせていただきまして。これ、掟さんバージョンがとてもよくて。仮歌が掟さんだったので。譜面とかシンセメロディとかそういうのがない、心のままの仮歌だったので、音程があるんだろうか、みたいな。

掟　ないです！　基本、音程とかそういう概念がまったくわかってないだけなんです！

上坂　レコーディングしたあとに仮歌を聴いて、「しまった！　ここは音程が違う！」とか思ったんですけど、ニューウェイブって懐が広いんですよね。この音数の少ない曲のいいところは、自由な歌い方ができることだと思います。それが「チチキトク スグカエレ」で。私もホントは説教とかしたかったんですけど。

掟　いや、そこまで掟ポルシェに近付けなくてもいいと思います！　間違ってますよ！

上坂　あの説教はいつ誕生したんですか？

掟　最初にライブを始めた頃から説教と曲が半分ずつで。基本、曲がピコピコしたテクノポップなんで、ナメられちゃ困るなと思って。とりあえず怖い顔して「男とは何か」みたいな、そういう話をしておけばナメられないで済むかなっていう発想で始まったんで

す。
上坂　あ、威嚇だったんですか？
掟　威嚇ですね。
吉田　その結果、男くさい説教の次に女々しい曲をやっての繰り返しをライブでやるようになって。
上坂　甘いしょっぱいみたいな。掟さんの曲は掟さんの声のすごさ、ラウドなお声で成立してる感じがあるので、私なんかが歌ったらあの伴奏に負けちゃうと思うんですけど。
掟　いやいや、そんなことないですよ！　返ってきたボーカルがこちらが想定してたより遥かに気の狂った声で。ボーカルが3タイプ入ってて。かわいらしく歌ってくれればそれでいいですっていう指定だったんですけど、ふつうのボーカルラインと、ちょっとオペラ調に歌ってるものと、もうひとつが完全に気の狂ったシャウトしてるもので、とんでもない歌い方で上坂さん天才だと思いましたね。
上坂　いや、でもわれわれのスタジオでは「どうしましょうか……3つやったはいいけど、もう万策尽きた！」みたいな感じでした。けっこう力尽きて、なんてレパートリーが少ないんだろうとは思ってたんですけど……。

掟　いや、ふつうでいいんですよ！

上坂　そうですか！

掟　もともと音に厚みとか求めないタイプなので。当初のライブは音ちっちゃくして、「低音カットしてください」みたいな感じでやってて。

上坂　えっ、よりスカスカに？

掟　「スカスカにしてください！」みたいな。だから今回の「チチキトク　スグカエレ」という曲は、声優さんのアルバムって基本、音圧がすごく高いじゃないですか。デモ音源というか、自分は完成したつもりで音源を送ったら、担当のディレクターから「上坂的には歌詞はいいと言ってるんですが、曲はもう少しゴリゴリのアニメソングみたいにしたほうが落差があっていいんじゃないかと言ってます。そういうふうに作っていただくことはできますかね？」って返信が来たので、「すみません、ジグ・ジグ・スパトニックみたいな曲しか作れないんです。ゴリゴリのアニメソングみたいなちゃんと音の乗っかってるものをご希望される場合はほかの方に頼んだほうがいいと思います、申し訳ないです！」って返したら、「じゃあこれで……」と。

吉田　なんとかあきらめてくれて。

上坂　ロマンポルシェ。さんはボーカルの圧で伴奏の音の少なさと調和してる感じがあると思うんですけど、私は歌うと声が高いので、ああいう伴奏に合わせるとキンキンしちゃうんじゃないかって思ってたんです。それが、ライブでは盛り上がる曲になりまして。

掟　ありがとうございます、まさかキャベツの千切りまで……ロマンポルシェ。のライブのド頭にはいつもキャベツの千切りをするんですよ。

吉田　包丁片手にステージへ現われて。

掟　素っ裸で千切り。さすがに素っ裸の部分は採用されなかったですけどね（笑）。

上坂　そうですね、私が男の子だったらすぐ上裸になるのかなって思ったんですけど。

吉田　掟さんは日常的に裸なんですよね。カラオケを歌ったら、やっぱり全裸になるし。

上坂　そういうフォーメーションチェンジができるっていいですよね。第二形態にすぐ移行できるのはすごくうらやましいです！　しかも、人に不快感を与えないっていうのも。

掟　いや、不快だと思いますよ。

上坂　そうですか？　フォトジェニックな裸体とそうじゃない裸体があると思うんですけど、掟さんは裸によって完成するみたいな、服はラッピングという感じがすごいあるんですね。表現が難しいんですけど。フェスに行ったお客さんが掟さんを撮った動画とか、あれは大丈夫な動画なんでしょうか？　お客さんにビールをかけようとしてる動画とか。

掟　ああ、はいはい大丈夫です。

上坂　私が観た「夏の魔物」ではちょうど太陽フレアの季節だったので、キャベツを切りながら「おまえたちに太陽フレアを味わわせてやる」って言ってたくさんのキャベツを太陽フレアに見立ててっていう懐石料理のような奥ゆかしさ。太陽フレア仕立てのキャベツですから。そんな役割も果たせるなんてと思って、私もステージでやってみたんです。そしたら、やってるときは楽しかったんですけど、映像で観たらこの人怖いってなってしまって。

吉田　そもそも、なんで上坂さんがあんなことをやろうと思っちゃったんですか？

上坂　……ニューウェイブっぽいかなって。

吉田　完全にニューウェイブを間違えてますよ！

上坂　頭にバケツかぶってキャベツを切るなどの行為をしないとニューウェイブにならないんじゃないかって。ニューウェイブの正しいライブ形態はどのようなものでしょうか？

掟　基本的にはちゃんと音楽はやらないことです！

上坂　ああ、やっぱりそういう反体制的な……。

掟　ふつうに音楽はできるだけやらない。音楽に付随する付加価値的な、グリコでいうオマケの部分みたいな。基本、食玩ですね。

上坂　食玩！　フィギュアとちっちゃなガムみたいな感じですかね。

掟　そうですそうです。曲がみすぼらしいガムです。お客さんはそう思ってるみたいで。自分的にはそのみすぼらしいガムがすっごい好きなんですけど。バンド始めた当初は説教のときだけみんな食い入るように聴いてくれるんですけど、曲になるとみんな下向いて。

吉田　わかりやすく曲で寝るんですよ。

掟　シーン現象が起きました！

上坂　それは複雑な思いですね、それが好きな音楽なのに……。でも私のライブも、特に初期は近しいものがあって。オマケ要素がデカかったんですよね、紙芝居をやったりクレープを焼いたりしてたので。そういうところではニューウェイブ心があるかもしれません。曲よりMCで盛り上がる、みたいな。

掟　最初はそうだったんですか？

上坂　最近は曲も盛り上がりを見せているんですけど、持ち曲4曲くらいしかなかったときは本当にやることがなくて、雑談パートがすごい盛り上がる、みたいな。ほぼ雑談と、あと同じ曲を2回目やりますっていう感じでしたね。やってるほうは、なんでこんな状態でツアーやらなきゃいけないんだろうって。

吉田　その持ち曲でツアー！

上坂　そのときは8曲くらいあったかな？　でもアルバムも出てない状態だったので。

掟　それで2時間とかやるんですか？

上坂　そうなんですよ。やりようがなくて無駄に映像を出したりしたので。この『ノーフューチャーダイアリー2019』は、やっとライブの体を成してきたときなので、すごくありがたいです。曲がないというのはとてもつらいと思いました。最近は逆に曲が増えたぶん、オマケパートが減ってきてはいたので、キャベツを切るとみなさんとても喜んで。「昔の上坂すみれが帰ってきた！」と。

上坂　そうなんですよ、「もっと包丁を客席に向けて！」みたいな感じで（笑）。

吉田　ダハハハハ！　ステージで包丁を振り回す女性声優もなかなかいないですからね。

上坂　しかも最初、セラミックの包丁にしようって話だったんですけど、やっぱり銀色の包丁がいいなということで、バンドリハでもすごい練習しました。だって、ぶっつけ本番だと失敗するかもしれないじゃないですか。

掟　キャベツの千切りリハ！　まあ、客席にスポッと抜けてく可能性ありますからね。

上坂　そうですよ、怖いですねえ！　なので私は定番にするのはやめようと思いましたけど。むしろ今後は掟さんをキャベツ切りゲストでライブに召還することがいいかと……。

掟　キャベツを切るだけで呼ばれる？

上坂　全裸でキャベツを切るっていうパフォーマンスが、私にはできないので。

吉田　しかも全裸つきなんですか！
掟　そんなの、誰かが責任取ってくれるならぜんぜんやりますよ！
上坂　ぜひツアーファイナルとかで。私の出囃子に乗って掟さんが裸でキャベツを切りに来て、そのまま客席を駆け回って……。
掟　そしてコンサートが始まる前に中止になり。
上坂　いや、歌が始まるとともに入れ替わりで。そうすれば問題ないと思うんです。
掟　なるほど！　イリュージョンですね！
上坂　曲さえ始まってしまえばこっちのもんだと思うんですよ。客席の女子スペースにさえ近付かなければ大丈夫だと思うので。
掟　……そうですかね？
上坂　はい！
吉田　ライブのスペシャルゲストで大物ギタリストとか呼ぶのはよくありますけどね。
上坂　裸ゲスト（笑）。「チチキトク スグカエレ」でも、掟さんに本物のキャベツ切りを見せていただいて。
掟　本物のキャベツ切りはコックでしょ！
上坂　いや、飛び散り方がやっぱり本物で。ああいう飛散するキャベツの切り方を教えていただきましたけど、『伊東家の食卓』を初めて観たときみたいな感動がありました。
吉田　ふつうにやったらああはならないんですね。
上坂　はい、半玉のキャベツをふつうに切るだけではあんなに飛散しないと初めて知りまして、すごく物理の勉強に……。進学塾の問題とかに出したらいいのにと思いました。
掟　この行為自体が需要ないですからね。
吉田　応用も利かないし。
上坂　たしかに応用は利かないですね。トマトとかだとそうはいかないですからね。
掟　グチャッとなるだけですからね。
上坂　あ、トマトだったらいいかもなー！
掟　いやいやいや……。
上坂　キャベツはけっこう力が要るんですけど、トマトとかスイカ割りとかだったら。
掟　あ、1回スイカ割りやったら床がベタベタになってライブハウスの人に怒られました。
吉田　ああ、糖が強すぎるから。
上坂　ライブではブルーシートを敷いていただける

ので、それでメッタメタにするとか。
吉田　トマトはスプラッタ感も出ますよね。
上坂　ね、トマト！
掟　トマトを握りつぶすのはどうですか？
上坂　あ、握りつぶすほうがいい！　刃物はまだ私には早かったと思うので、そういうグロく見える食べもの特集にしようかな。
吉田　そういえば今後はステージから豚の生首を投げようとしてるっていう噂を聞きましたよ。
上坂　そうですね、遠藤ミチロウさん亡きあと、豚パフォーマンスが滅亡してしまう恐れがあるので。どうやったらホールで臓物パフォーマンスができるのか。そこそこ大きい会場でああいうことをするのが声優界の革新的事象だと思うので。ライブハウスだったらすごい土下座すれば許してもらえそうですけど、ホールはいろんな問題が関わってくることなので。
吉田　ミチロウさんもザ・スターリンの解散ライブの会場を大映撮影所にしたのはそういう理由で、撮影所なら爆竹を鳴らしてもある程度の無茶しても大丈夫ってことだったんですよ。
上坂　撮影所って借りられるんですか？

掟　借りられると思いますよ。
上坂　それはいいですねえ！
掟　ただ現代とは消防法が違うんで、いまだと火はダメですね。だから電撃ネットワークの東京公演ワンマンはいつも川崎クラブチッタなんですよ。神奈川県はOKだから。
吉田　あ、神奈川は条例が違うんだ！
上坂　じゃあクラブチッタはいいんですね。
掟　そうです、神奈川でやってください！
上坂　じゃあクラブチッタ5回まわしぐらいでネズミ花火とかしたいです、風流ですね。
掟　お客さんに向かってネズミ花火投げて。ちょっとぐらい爆発物が当たったほうが思い出に残りますからね（笑）。
上坂　たしかに！「その傷、私がつけたんだぞ！覚えとけよ！　消せない傷つけるの得意だぞー」って。これ掟さんの本の帯文！
吉田　なんでそんな引用まで！　上坂さんは、『TVブロス』の連載をまとめた掟さんのインディー本『出し逃げ』（2015年／おおかみ書房）も読んでるみたいですね。
上坂　はい。「消えない傷つくるの得意」って、あの帯文のエッセイが身辺整理をしてるときに出てきたので久々に読み返したら本当にすごいですね。営みに備えて夫婦揃ってニンニクチューブ一気飲みし、さあ行おう、しかしこれはどういう行為だっただろうか、みたいな哲学的な内容でしたよね？
掟　夫婦の営みを行うときに、あまりにもヤッてないと「忘れた！　どうしよう、何するんだっけな？　何か入れるんだったなあ」みたいな。それで嫁の額をカットして血まみれになってるところを絵に描いて二科展に入れる。そういういい加減なコラムですね。
上坂　そうだ、二科展が出てくるんだった！　そんなSF小編みたいなことをコラムに書くなんて衝撃でした。コラムって一応、自分の人生に則したものを書くと思ってたんですよ。
吉田　もっと身辺雑記的なものだと思ってたら。
上坂　そう、最近美味しい焼鳥屋がありましたとか。「コラムにこんな、ないことないこと書いてもいいんだ！」って思いました。
吉田　掟さんはコラムに嘘しか書かないですからね。
掟　楽なんですよ、嘘しか書かないから。

上坂　そうですね、コラムには事実を書かなきゃいけないっていう決まりはないですよね。

掟　ないですね。それを事実だとみんな誤解してくれる可能性もあって。そうすると自分がどんどん神格化される可能性もあって。

上坂　ああ、プロレスラーの伝説みたいに。バスにワインを1ダース持ち込んで飲み干したみたいなことを書いても掟さんだったらあるかもしれないって思いますもんね。最近ファンクラブの会報にコラムを寄せなきゃいけなくて、すごい悩んでたんですけど。それいいですね。「最近の上坂さん」って言って嘘ばっか書くのいいですよね。「気に入らない部下に焼きごてをつけました」とか。

掟　そうそう、そんな感じでいいんですよ！

吉田　ぜんぜんよくないよ！

上坂　「皮膚がただれてしまってちょっと申し訳なかったなーって思いました。でも、とても似合っているので私は会うたびに、『最近、傷どう?』って聞きます。すると見せてくれるので彼はいい部下だと思いました」。

掟　それ読んで、「俺も上坂さんに焼きごてつけられたくてキングレコードに入社しました！」みたいな人が来るようになりますよ。

上坂　ああ、そしたらホントにやってあげないと。

吉田　そこに責任は感じなくていいですよ！

掟　それが本当のことであるとは限らないわけだし、信じるか信じないかはあなた次第。

上坂　そっか、読んだ人が悪い。

吉田　信じたほうが悪いんです！

上坂　フフフ、本当に書くことなかったら掟ポルシェのコラムっていうのを始めます。

掟　そこまで寄せてくるんだ！　俺からいろいろ受け継いでいただいて……すみません！

上坂　いや、この掟ポルシェの遺伝子をほかのクリエイターに受け継がないんですか？　受け継いでる人はいると思いますけど。

掟　ずっと昔、マーシー☆ポルシェというユニットを一緒にやっていた田代まさしさんが、「俺、おまえに謝らなきゃいけないことあるんだよ。おまえDJのときにチクワでポッキーゲームやってるだろ、あれ俺パクってるんだよ」って前回のこの対談で言われて。

上坂　そうなんですね！

掟　DJやるときに女性客にはチクワの先端だけ食べさせて、男性客にはポッキーゲームと見せかけてディープキスするっていう。

上坂　ああ、可動域が広いといいですね。

掟　可動域!!

吉田　女性声優だとそれは難しいですよね。

上坂　私がチクワをくわえて「オラー！　私とキスしろ！」って言ったら、ちょっとなんか……。

掟　暴動ですよ！　我先にですよ！

吉田　掟さんだからこそみんな逃げ惑うわけですから。

上坂　そうだ、私は逃げ惑われることがないので。私も威嚇してるつもりなんですよ、「オラ！　おまえたち目を覚ませ！　こんなにたくさんの金をせびられて、会費だ、グッズ代だ、チケット代だともぎ取られて、さらにライブを盛り上げようったってそうはいかないぞ！　じゃんじゃんライブBlu-rayに映してやるからな！」って威嚇を……。でも、みんなどんなに威嚇されても「イェーイ!!」なんですよ。

吉田　まあ、そうなっちゃいますね。

上坂　ナメられてますね、ひどい話ですよ！

掟　いや、ナメられてはいないです（笑）。

上坂　いくら私が脅しつけてもみんな、「すみぺが頑張って俺たちを脅している！」って。もうちょっと「ハッ、死ぬかと思った！」みたいな、私タイガー・ジェット・シンにあこがれて客席に行くようになったのに。

吉田　元ネタはそこだったんですか！

上坂　客席パフォーマンスといえばやっぱりタイガー・ジェット・シンなので。一番好きなプロレスラーだから、ああいうふうになりたいなと思ってたのにそうなれなくて。

吉田　掟さんのDJの元ネタも実はそこに近いんですよ。

掟　自分ではふつうにやってるつもりだったんですけど、DJやってるときふつうに曲かけるだけだと手持ちぶさたなんで、どんどんそういうズルを取り入れてったら、杉作J太郎先生に「君がやってることはザ・シークだね」と。プロレスラーでいえば、プロレスをリングの上でやらずに場外だけでやってるっていう、非常にいい表現をしていただいて。

上坂　ザ・シークもジェット・シンも同じグループで

すから、ユニットが組めますね！

吉田 シークとシンの最強タッグが！

掟 でも、怖がられないんですよね？

吉田 掟さんがついたら怖いですよ！

上坂 私がサーベルを持って掟さんは全裸でっていう組み合わせはなかなか怖いですよ。それで客席に行ったらけっこう怖いと思います。いいなー、サーベル。サーベルの痛くないほう（柄の部分）で攻撃したい。ジェット・シンは痛くないほうでお客さんを襲いますけど、ああいう怖いんだか怖くないんだかわからないヤツをやりたいですね。ちなみにザ・シークはどういう場外乱闘をするんですか？

掟 ふつうに椅子かな。凶器は決まってないですよね。その日そこにあったものとか。

吉田 ボールペンとか釘とか、あと火吹き。

上坂 たしかに火を吹いてるイメージがあります。火を吹くのって可能なんですか？

吉田 覚えれば簡単ですよね。

上坂 どうやるんですか？

掟 ガソリン口に含んでたいまつに向かってボッと。消防法のない時代の攻撃ですね。80年代はバンドマンもやってましたよ。

吉田 当時、X JAPANがニッポン放送のスタジオで火を吹いてましたからね。

上坂 えーーーーっ！ スタジオで火を吹いてもラジオに乗らなくないですか？

吉田 乗らないです（笑）。

上坂 ……ガソリンを口に含んでるときに笑わせられたら飲んじゃうじゃないですか！

掟 それで飲んじゃったプロレスラーもいて、たいへんだったって話もありますね。

吉田 ボクもそれを目の当たりにしました。

上坂 え、そうなんですか！

吉田 吹けるってヤツがいて、軽くやってもらおうとしたら飲んじゃったり。あと向かい風でちょっと顔に火が来ちゃったりとか。

上坂 うぇーっ。悪役はホント頑張りが必要なんですね。頑張らなくちゃ！

吉田 なんで！

掟 その方向で？

上坂 そういう様々な頑張り武勇伝を聞いてると、私はそういうのやってないからなあって思いました。ガソリンの味もまだ知らないし。

吉田　知らなくていいですよ！　ところで掟さんは火吹き方向にはいかなかったの？

掟　火吹きはやったことないですね。ギターを燃やすっていうのは1回だけやったことあるな、ジミ・ヘンドリックスがよくやってたヤツですね。あれZippoオイルだとすぐ消えてくれるんで。青い、ちょっと弱い炎がギターの上から出てるだけっていう。

上坂　ああ、優しい炎が出るんですね。

掟　ええ、登場シーンだけワーッと持ってきて、基本ギター弾かないんで。それ消して、すぐライブ始めたっていうのはありました。

上坂　いいですね、めちゃくちゃ燃えてるギターを消火してから、「歌いまーす」って。

掟　川崎ならできます！

上坂　私もやりたい！　クラブチッタでギターをワーッと燃やして、すぐ消すっていう。緩急があっていいですね。そういうオマケ要素を充実させ続けて、2千人ぐらいの人がギリギリ見えるおもしろパフォーマンスをやり続けていきたいなって思うんですけど。

吉田　どういう責任感なんですか！

上坂　私がやったら声優さんみんなやるかなと思ったら、誰もやらなかったので、徳が足りないのかなと思っています。私のライブが流行ったら、ほかの声優さんもギターを燃やしたりキャベツを切ったりする素敵な世界になるんじゃないかと思っていますが、なかなか声優界では近しい活動をしている方がいないので、ぜひ掟さんとユニットを！

掟　あ、ぜひお願いします！

上坂　よければ私の歌も一緒に歌っていただいて。この場合、なんの歌がいいかなあ？

吉田　上坂さんの場合、こういうのがただの口約束じゃない感じがして本当に怖いんですよ（笑）。

掟　実現しちゃいそうですね（笑）。

上坂　かわいい歌とか歌ってほしいです。

吉田　かわいい歌……掟さんも好きな「ボン♡キュッ♡ボンは彼のモノ♡」とか？

上坂　あ、それいい！

掟　これは清竜人さんのほうが！

上坂　いやいや、そんなことないですよ。

吉田　「よっぱらっぴ☆」とか。

上坂　「よっぱらっぴ☆」は、晩酌してどんどん泥酔していく歌なんですけど。掟さんにはライブの冒頭で登場していただいて、そのあとはどこで出てくるかわからない、急に10曲目ぐらいでうしろから来た！　みたいな常に緊張感のあるライブにしてみたいです！

掟　緊張感担当（笑）。それ、求めてないお客さんが大半じゃないですかねえ……。

上坂　すみペポルシェの緊張感担当。

掟　とりあえず「すみぺポルシェ」と謳っておけばイケるかもしれないですね。

上坂　すみぺポルシェの曲がほしいですね。

掟　また作らないと！　CD-Rとかで。

吉田　キングレコードはそういうの売らないよ！

掟　注文が入ったら焼くスタイルで。

上坂　受注生産（笑）。

掟　ジャケットもコピーで、キンコーズで。

上坂　いいなー、夢がありますね。

掟　そこに夢を感じてくれるの上坂さんだけだと思います！　どうかしてますよ！

上坂　これは実現するんじゃないでしょうか、『CONTINUE』で発表すれば。

吉田　現実的に考えるとどうなるのかですよね、全裸はどこまでソフトにできるのか。たとえば股間は包帯グルグル巻きにするとか。

掟　包帯グルグル巻きでイケるかな。

上坂　ブリーフとかふんどしとか？

掟　ブリーフだと村西とおる監督みたいな。

吉田　いまだと完全に『全裸監督』感が出ちゃいます（笑）。

上坂　じゃあ、ブリーフでカメラ担いで。

吉田　別の人になってますよ！

上坂　すごいややこしい（笑）。違う全裸の方でした。素っ裸は映像にできないかもしれないですけど、何かのスペシャリティがここにあるといいと思います。フォトジェニックな方だと思うので。全裸一歩手前が一番緊張感があるというか。人間の不思議ですよね。

掟　一応、フェスのときは全裸にはならないようにしているんですよ。自分が素っ裸になることによって、自分のあとの出番の人たちが中止になっちゃうと問題があるので。

上坂　なんて常識のある裸……。

吉田　じゃあ、ワンマンなら！

掟　ワンマンは素っ裸で出てきて1着ずつ服を着て

いくっていうスタイルでやってます。

上坂　ああ、ちょっとずつ完成していくのはうれしいですね、ライブを全部観ると服を着た掟さんに会える！　すごい、デアゴスティーニみたい！　創刊号に全裸が入ってて。

掟　創刊号は本体が！

上坂　それで満足しちゃいそうですけどね（笑）。最後はサンバイザーがついて完成。包丁とかキャベツセットとかもつけて。これ、デアゴスティーニは出さないですかね？

掟　あの会社そんなにバカじゃないですよ！

（ここで撮影タイムになりペット談義に）

上坂　私は猫を飼ってるんですけど。

吉田　掟さんも犬を犬っかわいがりしてるんですよ。

掟　そうですね、いま犬2匹に増えちゃいましたからね。上の犬は、いま13歳になってヨボヨボで後ろ足が動かなくなってきて。

吉田　そうなんだ。前にウチで預かったときは、まだ1歳か2歳ぐらいだったのに。

掟　そうですね、ひと晩預かってもらったら「ぜんぜん寝られない！」ってボヤいてて。

吉田　テンション高すぎて、肩に乗ってグルグル回ったりして。掟さん、まったく教育しないっていう独自ルールで飼ってたからね。

上坂　えっ、どういうことなんですか……。

掟　犬は愛玩動物なんで、ちゃんと甘やかさないと意味がないんですよ。

吉田　だから去勢もしないし教育もしない。

上坂　家にいながら野犬が育つ……。

掟　あ、そんな感じです。

吉田　だから異常にテンションが高い犬になって、警戒心ゼロで、会うと1秒で滑り込むようにしてお腹を見せるんですよ。それでお腹をなでてたら毛がカピカピしてて、「何これ？」って言ったら、「ああ精子」って。

上坂　そっか、去勢してないから。……なんでお腹にそんなものがついてるんですか？

掟　自分でいい感じに座布団に向かってコシコシやってるんですよ。たまに嫁のパンツを股に挟んでるときがあるから、「え、おまえ人間もイケんの？」って驚いたんですけど。

上坂　犬は犬なりの楽しみが。ウチで飼ってた犬は早々に去勢したのでなかったですけど、ありのままの犬はそんなもんなんですね。

掟　そうですね、ありのままがいいなと思って。だって、自分がそうなったら嫌じゃないですか。「おまえ明日からキンタマ取るからな」とか「使わないほうが病気にならないからいいんだ、切るからな」って言われても、「えー!?」ってなると思ったんですよね。

上坂　そっか、自分に置き換えて考えるとそうですね。

掟　「ムリムリムリ！」ってなりますよね。

上坂　たしかに私もちょっと気が引けたんですけど、猫は散歩をしないので、雌猫に一生出会わないでずっと悶々として澁澤龍彦みたいな猫になったらどうしようと思って。

掟　澁澤龍彦みたいな猫！

上坂　澁澤龍彦の暮らし知らないけど、猫が「タマゴはエロスだ」みたいなこと言い出したら嫌だなーと思って（笑）。

吉田　言うわけがない（笑）。

上坂　猫って3歳ぐらいの知能があるから、じつは死後に手記が発見されて、悶々とした言葉が書かれてたらどうしようって思うんです。だからそういうことを思いつかないうちにニャンタマを取ってしまったんですけど。動物病院で手術をしたあと、女性の獣医さんが「ニャンタマ取れましたよ、見ますか？　それとも持って帰りますか？」って聞くんですよね。

吉田　そんな阿部定みたいな！

上坂　「ここで処分することもできますけど」って言うので処分してもらいました。

掟　それは持ち帰って乾燥させてキーホルダーとかにしたほうがいいかもしれない！

上坂　フロントミラーに下げたり（笑）。

吉田　マリモみたいにするとか。

上坂　たしかにホルマリン漬けにしたらマリモに見えなくもないんですかね。結局、確認しなかったのでどのような形状だったかわからないんですけど。よく「猫に生まれ変わりてえ」って人いますけど、もれなく去勢されるぞって思いますよね。特に成人女性に飼われたら、「面倒くさいから取るわよ」って有無を言わせず。その猫の一生も悲しいなあ。

吉田　猫のタマってフォルム的にかわいいから、あれを切るのはちょっと躊躇しますけど、やっぱり切らざるを得ない感じはありますね。

上坂　毛が生えててフカフカなんですよね。1歳くらいのときに切除したんですけど、いままさに花開こうとしてる何か……開花間近みたいな梅を収穫するようでホント申し訳なかったです。たしかに帰ってきたときはすごい悲しそうでした。猫にも心があるんだな、そりゃあるわなって思いました。そういう理由で、野生のまま飼ってるっていうのは真の動物愛護者かもしれないですね。

掟　それによって弊害もあるみたいですけどね。去勢しないとなりやすい病気もあって。いま肛門に腫瘍みたいなのがあって、それも去勢してないからできるものだって。「去勢したほうがいいことある」って言われても、んなわけねえだろって思ってましたけど。……っていうか、なんの話してるんですか！　じゃあ男に生まれたほうがよかったですか？

上坂　私は女子に生まれたことでストロングゼロをいくらかっ食らっててもなぜかそれが仕事になるという不思議な現象が起きてるので（笑）。

吉田　ちゃんとポップになるんですよね。

上坂　これが50歳のオジサンだったら、まったく見解が違うだろうなと思って。

吉田　そりゃそうですよ。だって、掟さんがストロングゼロを飲もうが何しようが……。

上坂　自然な、ありのままの掟さん（笑）。だから私は中身はたぶん50歳のオジサンが入ってるんですけど、女性声優のパッチを手に入れたことで仕事をしているという、自分のダメ人間さで食事をしているという不思議な暮らしをしてるので、奇妙な感じですね。女子に生まれてよかったなと思います。

吉田　もし、そうじゃなかったら……。

上坂　ただの犯罪者になってたかも。様々な娯楽に飽き果てて、いろんな裏稼業をしていたかもしれないので。女子だとあんまり裏稼業にいこうと思わないのでいいですよね。かわいい服がほしいのでヤクザになります！　とか思わないので、健全な方法で生活費を得られる職業に就けてよかったなと思います。世の中の「自分ってすごいアウトローかも」っていう女子には声優お勧めしますね。

掟　……声優ってそんな職業でしたっけ？

上坂　アイドルは規制が厳しいと思いますし、いつまでもアイドルができるかというと別の問題になってきますけど、声優さんは声が出るかぎりできますし、30歳超えてもかわいい方がいっぱいいますし、かわいいキャラクターをやることで心身の健康を得られます。あとラジオとかでおかしなことを言っても、なぜか声優さんってファンの人に受け止められる広いレンジを持ってますので。

吉田　男性声優含めてそうですよね。けっこうキツめの下ネタを言っても問題にもならず。

上坂　ね、そこはアイドルと声優はぜんぜん違うし、不思議な職業だなって思います。なのでクラスで浮きまくってるそこの君！　お勧めします。ニューウェイブの道を進むか女性声優になるか。掟さんのような暮らしもできるし、私のような暮らしもできるかも！

m.c.A・Tの巻

DENCHI-IKA

PROFILE

m.c.A・T

1961年生まれ。本名・富樫明生の名義で、1989年にデビュー。シングル・アルバム1枚ずつリリース後、1993年にm.c.A・Tとして「Bomb A Head!」でデビュー。ヒップホップと日本語ラップを組み合わせた独特のスタイルで、多くのファンを獲得する。「Bomb A Head!」「風に叫ぶ」「SUPER HAPPY」などヒットを飛ばす。現在はDA PUMPをはじめ様々なアーティストのプロデュース及び楽曲提供を手掛けている。

A・T　（いきなり）掟さん、こないだ俺のファンが「私も一緒に酔いたいなあ！」って言ってきたからなんのことかと思ったら、俺が酔っ払ったことを何かに書いたでしょ？

掟　すみません！

吉田　すでに無許可で単行本にしてます（笑）。

A・T　えぇーーーーーっ!!

掟　そうです。10年ぐらい前の連載をまとめた『豪傑っぽいの好き』（ガイドワークス）という単行本が出たんですけど……。

A・T　あ、そうなんだ。嫌だなーと思ったけど事実だからしょうがないなと思って。

掟　すみません、事実です！

吉田　そもそも掟さんは本に何を書いたんですか？

掟　A・Tさんと「申し訳ないと」というイベントでよくご一緒して。それまでA・Tさんは懐メロ的な扱いで出されるようなイベントは全部断るって言ってたんですけど、それが2005年に「申し訳ないと」で声をかけて、なぜかそこから地方営業みたいなこともやるようになって一緒に周ったら、そのときA・Tさんは豪快に酒に飲まれてたんですよ。

A・T　ハハハハハハ！

掟　これだけ酒に飲まれる人は見たことないぐらいに。ホントに素晴らしく絵になる酔い方をしてくれて。広島に行ったときもA・Tさんがかなり酔ってきて、自分のステージが終わってなぜか2ステージ目が始まるんですよ。じゃあ、せっかくだからやってもらおうって言って。

吉田　アンコールみたいな感じで（笑）。

掟　「やっぱり歌うまいね、最高だね！」ってみんなで言ってて。そしたら今度、3ステージ目も勝手に入ってきちゃって（笑）。

吉田　気持ちが盛り上がったらタイムテーブルも無視して（笑）。

掟　もう歌う曲なくなったからカラオケ大会になっちゃって。石川さゆりさんの「津軽海峡・冬景色」を歌うまではよかったんですけど、サザンオールスターズの「真夏の果実」を歌い出して、A・Tさんがサービスのつもりでいちばん前のお客さんに振ったんですよね。

吉田　客席にマイクを向けて。

掟　そしたらお客さんも、めちゃくちゃ桑田佳祐のモノマネがうまいんですよ。A・Tさんより盛り上がるぐらいの感じで。A・Tさんはそれがちょっとおもしろくなかったみたいで、「ハイ次の人！」って言って（笑）。酔ってるから声が常にバカボンのパパなんですよ。そのあと地元のミュージシャンに挨拶に行こうと思ったんだけど、この状態だとA・Tさんは連れてけないな、よし撒こうってなって。

A・T　えっ⁉

掟　で、A・Tさん撒いて外に出て、帰ってきたらA・Tさんまだベロベロに酔っ払ってて、地元の20歳ぐらいの若者にA・Tさんが説得されてる状況だったんですよ。「ごめんねm.c.A・T、僕たちこれからちょっと行くところがあるんだ、ごめんねm.c.A・T、仕事だから行かなきゃいけない、ごめん」って地元の若者にも撒かれてるんですよ。

A・T　ハハハハハハ！

吉田　それぐらい派手に酔っ払ってたんだ（笑）。

掟　で、A・Tさんその翌日は朝から仕事があって、早い便の飛行機に乗らなきゃいけないんで、みんなでA・Tさんをホテルに入れて寝かしちゃおうってことになったんです。そしたら隣の部屋に泊まってた人からA・Tさんの部屋からずっと叫び声が聞こえるって連絡が来たんですけど、その声が「ライダーキック‼」って（笑）。

A・T　ハハハハハハ！

掟　それが深夜4時過ぎですね。これぜんぜん寝てくれそうにないな、大丈夫かなと思ったんですけど放っといたんですよ。そしたら翌朝になって、我々はA・Tさんよりぜんぜん遅い時間にチェックアウトだったんですね。そしたら我々よりもずっと遅い時間に「遅刻だー！」ってA・Tさんが血相変えて出て行ったという一件がありまして（笑）。

吉田　その話を無許可で原稿にしちゃった、と。

掟　すみません‼　しかも連載第1回目で。

A・T　そうですか……。昔から酔っ払って渋谷のスクランブル交差点をバック転で渡るとかしてきたんですよ。初期の久保田利伸とかの歌詞を書いてた川村真澄さんと打ち合せしてて、すごく姉御肌のいい人なんですけど、「富樫は体鍛えてんだろ、バック転できんだろ」とか言われて、「できますよ、やってみましょうか」って。ライダーキックも覚えてますね。楽しくてやっちゃって。自分の家ではできないことをちょっとやろうかなって（笑）。子どもの気持ちがよくわかります。

掟　Ａ・Ｔさん、『仮面ライダー』お好きですもんね。

A・T　大好きです！

掟　あと当時、半田健人さんがテレビで昔のことを話してて、すごく鼻につく感じの発言をしてたんですよ。それを書いたらＡ・Ｔさんも当時、匿名でｍｉｘｉやってて、それに対して「クソ！」って返ってきて。やっぱりライダーのこと言ったらダメなんだと思って。

A・T　『仮面ライダー555』を半田くんがやってて、オープニングをＩＳＳＡが歌っててエンディングは俺が歌ってた関係でお会いしてたんでどういう人かわかってたから、それをバカにされたような気がしたんです。

吉田　「俺の大事なものを否定した！」と。

A・T　そうそうそうそう！

掟　自分の好きなものを否定されるとＡ・Ｔさんは烈火のごとく怒るタイプなんで。

A・T　あんまり怒らないけどね。

吉田　そういえば掟さんから前に聞いたことある、大

好きなプリンスを否定するとすごい怒るって。

掟　そう、プリンスが大好きで。以前、A・Tさんとお酒の席で吉川晃司さんの話になって。「僕、吉川くん殴ったことあるんだよねー」「え、なんで殴ったんですか?」「だってあいつ僕の好きなプリンスのことバカにするんだよ‼　頭にきちゃってさー、ジャンプしてビンタしてやったよ!」って（笑）。

A・T　そうそう!　レベッカのライブを観に行って、俺がプリンスの話してたら前でNOKKOと吉川くんがしゃべってたんだけど、急にちょっとプリンスを小馬鹿にしたようなこと言ったから、ジャンプして頭をポーンとはたいてさ、大ゲンカになるかなと思ったらぜんぜんあしらわれちゃった。それは3年ぐらい前に謝りましたね、ラジオに来てくれたんで。そしたら「覚えてないけど、僕はその頃ツッパッてましたから」って言われちゃって。だから全部ホントの話です（笑）。

掟　それぐらいプリンスも大好きなんですよね。

A・T　プリンスは自分の先生なので。

吉田　先生をバカにするヤツは許さん!と。

A・T　そうですね。なんか知らないけどボーカリストは小さいほうがいいという自分のなかのルールがあって。吉川くんは大きかったから……ホントは悔しかった（笑）。

掟　ただ、さすがのジャンプ力ですよね。高校時代にバレーボールやってるのが活きて。

A・T　その頃は垂直ジャンプが70センチだったんだけど、身長が当時153センチぐらいしかなくて。夜な夜な姉ちゃんが頭、母ちゃんが足を持って伸ばされましたね。

掟　引っ張る!

吉田　それって効果あるんですか?

A・T　いや、このザマですね（笑）。

吉田　極真空手やってたのはその頃ですか?

A・T　極真は高校ですね。高校に行ったらバレーのネットがグンと高くなるんですよ。これはダメだなと思って1年でやめて、ちょうど腰も痛くなってきたから腰にいいのは何かないかなと思って空手とテニスをやって。

吉田　空手は腰によくないですよ!

A・T　そうそうそう!　だから腰はかなりいじめてるんですよね。いまかなり危うい。

掟　極真はどれくらいやってたんですか？

A・T　極真はスクーリングっていうか。

吉田　通信教育？

A・T　そうそう！

吉田　マス大山空手スクールだ！

A・T　だから家でひたすら巻き藁を叩いてましたよね。自分で作って、血出して。

吉田　まずは拳ダコを作らなきゃっていう。

A・T　そうそう、弟に「ケンカするときはまずここを見るんだよ」って、俺がガッとやってるところを写真を撮らせたりして（笑）。

吉田　ボクら3人が共演したのは、もう十何年前ですかね。宮崎吐夢さん司会の『モテケン』（テレビ東京）という番組で、熟女アイドルグループ、黒い花びら～ズのときに。

A・T　うわっ、懐かしい!!

吉田　その楽曲をA・Tさんがやられて、ボクらもデビューステージに一緒に出演させてもらって。

A・T　そうそう、上野の野外音楽堂でね。

掟　熟女っていうと色気のあるものを想像しますけど、色気とか全部抜き去った方々をスターにするっていう。熟女だけど処女とか。

吉田　時期が早すぎましたよね。でも、A・Tさんも、ああいう仕事をちゃんと引き受けてくれるんだなって思いました。

A・T　そうですね。そのときはちょうどパーマネントでやってる仕事がなかったので、誰にも影響はないだろうと思って（笑）。

掟　どういう仕事は断ってるんですか？

A・T　バラエティとかは基本。テレビが苦手なんですよ。5～6年前に違うエージェントと提携してテレビもちょっと出てた時期が去年ぐらいまであったんですけど、どうも苦手で。前の日から音楽活動が手につかないほど緊張するんですよ。だからやめたんです。僕は裏方っていう自覚なんですよ。プロデュースとか作曲とかやらせてもらって裏方が好きですね。こないだのDA PUMPのツアーも行けるところは行って音作りをPAさんとやって音量を測ったり低音をちょっと上げようとかやってたので、非常に裏方気質なんです。

吉田　そっちが向いてるつもりなのに、表に出る仕事で成功しちゃったわけですかね。

A・T　だってホントはダンス映画のサントラを頼まれて、そのオープニングの曲をこういうのでいこうって監督が言ってたから、それなら俺いま作ってるのがあるってやったのが「Bomb A Head!」だったんですよね。

吉田　ダイアモンド☆ユカイさんの主演映画ですよね。

A・T　そう、『ハートブレイカー　弾丸より愛を込めて』。たまたまそのスタジオがエイベックスの持ち物で、そこのエンジニアさんが「この曲おもしろいから専務に聴かせていい？」って、その専務がMAX松浦で。それでTRFの次の邦楽アーティストを探してるって言われて、違う人が決まりかけてたのが大逆転で俺になったっていう。「え、俺が出るんですか？　じゃあ仮面とか被りたいです」「それじゃ誰かわかんないからダメだ」って言われて。じつは嫌だったんです。

吉田　もともと前に出たくない人だったんですね。

A・T　あんまり僕の顔とかパフォーマンスをテレビとかで求めてる人は少ないんじゃないかなって勝手に思ってたんで。そしたらコロコロ転がっていったって感じですね。

吉田　たまたまエイベックスのスタジオでレコーディングしてたってだけなんですか。

A・T　そうそう！　知らなかったからビックリしましたね。言ってしまえばコアなヒップホップの人たちもいたじゃないですか。それが表に出るタイミングが……なんか触媒とかそういう感じになれたらな、ぐらいの気持ちだったんで。それがちょっと売れちゃったんで、ひでえディスられましたけどね。

吉田　ダハハハハ！　そうでしたね（笑）。

A・T　「わかってるっつーの！」って。

吉田　わかったうえでラップをやってる人なのに、知らずにやってる人だと思われるっていう。

A・T　そうそう。宇多丸さんとラジオで話しましたけど、「あの当時は韻を踏むとどうしてもダジャレって言われるから、韻じゃなくてアクセントでやったんですよ」って言ったら、「僕たちもそうでした、韻をやめようかと思った」「じゃあ同じじゃないですか！」「いや、でもあのときは仮想の敵が必要だったんですよ」「俺か！」「そうです！」って。あのときは仮想敵だったらしいです（笑）。

掟　「申し訳ないと」のときにもA・Tさんがあると

き「HIPHOP」って書いたTシャツ着てきて、ちょっとドキドキしました。

A・T けっこうあるんですよ。DA PUMPが去年ヒットしたとき、会議にUSAって書いてあるトレーナー着て行ったんですけど、みんなツッコまなかったですね（笑）。

吉田 イジってほしくて着てるのに。

A・T そう！ 違うダンスの担当のヤツがUSAって書いてあるの着てるとみんなワーッとイジるんだけど俺はイジってもらえない（笑）。自分ではずっとアマチュアみたいに頑張ってるつもりなんですけど、もう三十何年やってるじゃないですか、冷静に考えればベテランなんだなって。自分ではそう思ってないけど、あんまりそういう人がツッコみにくいこと自分からしちゃいけないんだなって。

吉田 そしたら掟さんが裏でイジってた（笑）。

A・T そうそうそう（笑）。

掟 俺のなかでは一緒に活動しててオチャメ枠だったんで。めちゃめちゃかわいげがあるんですよ。「申し訳ないと」で沖縄に行ったとき、猫ひろしさんも一緒に行ってて。とある人の部屋からあえぎ声が漏れてきたんですよ。そしたらちっちゃいオジサンふたりが朝6時とかにピンポンダッシュしてキャッキャ言ってて、俺のなかではかわいげ枠です。

A・T そうなんだ！ 覚えてない（笑）。でも、仕事も遊びも、やれって言われたことは手を抜かずにやるタイプなので。

吉田 でも、そうやってやりきれるタイプだからこそ、m.c.A・Tとしてデビューしたときも、世間にラップを広める役割としてちゃんとやり切れたんじゃないですか？

A・T ああ、性格もありますね。だから俺もm.c.A・Tみたいな人がいたらブラック好きとしてはツッコみますもんね、絶対に！

吉田 自分でも（笑）。

A・T ただサンプリングされてるような音とかフレーズはちゃんとしたものから取ってるっていうことは出したかったので、長年聴けば「あ、こいつ音楽を知ってるんだな」ってわかってもらえるはずなんだけど、一発目に出てきてカラオケみたいなCMに出してもらって渋谷を練り歩いたら、そりゃなんか言いたくなりますよね。そこらへんは自分でもわかってて。

吉田　そこが全部わかっていながら叩かれる心境って、どういうものなんですか？

A・T　だからラジオとか使って、「ちゃんとわかってるんだ！」ってことで（笑）。ラジオでちゃんとコアなものかけたりして。

吉田　なるほど。ただ、叩いてる人はわざわざラジオなんて聴かないと思うんですよ。

A・T　聴かない聴かない！　黙ってて聴こえてくるものを叩くんで意味ないの（笑）。でもラジオは好きですね、顔が出ないから。

吉田　そんなに表には出たくない人なんですね。

A・T　出たくない。やっぱり、かなりルックスとかには自信がないというか……。

吉田　あの当時のm.c.A・Tの出方を見てたら、そういう人だとは絶対に思わないですよ。

A・T　ね、こんな威張ってね。

吉田　「超ハッピースーパーハッピーのりのり！」って感じで、前へ前へと出てましたよ（笑）。

A・T　ハハハハハハ！　それはもうやるって決めたから。この前、『ミュージックステーション』で「昔の映像を使いたい」っていうのが来たら、「この方はDA PUMPの曲をたくさん作られてる方です。ただその運動能力がすごい」って枠で出てて、右手でダンサーの女の子を飛び越えてゲットダウンして歌い始めるっていう技やってて、これはすごいなって俺も思って。ゲットダウンばっかりやってたから腰やられてますけど……。

吉田　うわ、そういうことだったんですか。

A・T　CTの画像見たら引きますよ、誰でもわかる砕け方なんで。でも、若い頃からの付け焼き刃じゃないインナーマッスルが支えてるんですよってお医者さんに言われて。

吉田　m.c.A・T稼業によるダメージがあるんですね……。

A・T　そう、暴れ稼業というか、人がやってないことやらなきゃいけないっていう気持ちで。当時からいつまでそれが続くのかなって思いながらやってました。絶対に体に悪いと思ってましたよ。でもみんな驚いてくれるから。エスパーさんみたいなもんですよね。

吉田　エスパー伊東さんも、いまたいへんな状態ですよ！　歩けなくなっちゃってるらしくて。

A・T　ね、やっちゃいけないことを繰り返してやってると。ダメージはすごいです。

吉田　小さい人が頑張ると。

A・T　そうですね。だから、小さい人が大きい人と同じようにお酒を飲むとダメージが大きいんです。ちっちゃいのが無理すると。

吉田　そういえばデビュー前にはしょこたんの父・中川勝彦さんとも交流があったんですよね。

A・T　勝ちゃんは全国のおもしろいミュージシャンに「東京に出て来いよ、居候すればいいよ」って声かけてるのね。それで「わかった」って居候したのは俺だけなの（笑）。

吉田　すっかり鵜呑みにして実行したのは（笑）。

A・T　でも部屋を貸してくれて、デモテープを作るの手伝ったりしてましたけどね。勝ちゃんは猫が好きで、いきなり僕が借りてる部屋で出産させて、猫って8匹とか生まれるんだね。そしたら機材にオシッコかけられて、もうここにはいられないと思って出て行ったの。

吉田　そこも娘のしょこたんと似ているというか。

A・T　だから番組とかでしょこたんと会うと、アニメ、『仮面ライダー』、勝ちゃんの話で。最初に「お噂には聞いていたんですが、お会いできてうれしいです」って言ってくれたときはちょっとキュンとしました。

掟　裏方のはずが、m.c.A・Tとしてデビューしたときニット帽とサングラスだったから、それが『パラッパラッパー』っていうゲームの原形になったっていわれてますよね。

A・T　『パラッパラッパー』が発売する前に僕ゲーマーだってこと知られてたんで、ちょっとやってみましょうっていう企画があって。そしたらチョコチョコッとスタッフの男の子が来て、（小声で）「モデルA・Tさんなんですよ」って教えてくれたんですよ。

掟　ホントにそうなんですね！

A・T　そうそう、ちょっとうれしかったですけど。でも、それはオフレコでって話で。

吉田　ユリ・ゲラーみたいに文句はつけず。

A・T　ユリ・ゲラーは文句を言ったの？

吉田　『ポケモン』のユンゲラーに。

A・T　ああ！　すぐわかりますよね。文句言ってるんだ、そりゃあれだけ売れてりゃちょっとはほしいですよね、全世界ですから。

吉田　ダハハハハ！　基本的に、A・Tさんは温和な人っていうイメージですけどね。
A・T　温和ですよ。車に乗ってるときぐらいですね、文句言うのは。自転車が危なくて。「乗るなコラ！」とか言ってますね。
掟　車のなかで。
A・T　テレビ観ながらもすっげえひとり言多いですね。テレビ観るのは大好きです。
吉田　そんな人がテレビに出る側になったときの心境ってどんな感じだったんですか？
A・T　いつも恐怖ですよね。緊張した理由が、フジテレビはどんな番組もプロンプターで歌詞が出るんですけど、『ミュージックステーション』って当時それがないから歌詞がわからないんですよ。俺、自分の曲をテロップどおり歌ったことがないんです（笑）。桑田佳祐さんはプロンプターないから事務所の人がデカい模造紙に歌詞を書いてくれてるんですよ。あれやってくんねえかなと思いましたけど、桑田さんレベルじゃないと無理なのかなと思って。でも、つい歌詞を変えて歌いたくなっちゃう癖があって。そういうところが自分に社会性がないのかもしれないです。なんか違うことしたくなっちゃう。北海道の山道で運転してるとガードレールがなくてすげえ崖とかあるんですよ。ああいうの落ちてみたいとか思いますもん。

掟　えぇーっ!?

A・T　落ちたことはないですよ。

吉田　当然ですよ!　でも、ギリギリまで?

A・T　行ってみたい。あと山を夜に走ってて街灯もないところでライトを消してみようとか。真っ暗なんですよ。高所恐怖症とかもあるし……スリルは好きかもしれないですね。だから、できるだけちょっとなんかやってみるっていう。もちろん他の人が乗ってないときですよ?

掟　やっちゃいけないことをやっちゃう?

A・T　でも、やってないですけどね。ケンカとかもそこそこ人の急所もわかってるし。

吉田　それは極真時代に学んで。

A・T　あと格闘漫画で学んだり。大人になってからチョコッとケンカ始めたとき、このまま俺がこいつのそこを打つとこいつの人生終わるとか考えながらケンカしてましたよ。

吉田　運動能力があって空手もやってたら、ケンカでもそこそこイケちゃいますよね。

A・T　そうそう。あとライブ中も体力がちょっとなくなったなと思って、救心を飲むとすごく空気が吸えるんですよ。ものすごく息が吸えて歌が楽なんです。その代わりぜんぜん高揚しなくなるんですよね、アガらない。

掟　ボーッとしちゃうってことですか?

A・T　いや、冷静なの。

掟　救心にそんな効き目があったとは!

吉田　ダウナー系の効果(笑)。

A・T　あれ飲んだライブだとおもしろくない!「カモーン!」とかも考えながら「次カモーンって言おうかなー」って(笑)。

吉田　そんなに効くものなんですね(笑)。

A・T　2粒ですごい効く。ISSAがつらそうなとき、救心1粒あげたんですよ。そしたらめっちゃ声が出るんだけど、「なんかぜんぜんアガらないんですけど」って(笑)。

掟　つまんなくなるんですね。

A・T　つまんないの。「俺もそうなるんだけど、つらそうだったから」って言ったら、「やっぱりつらいほうがいいですね」って。それでもう飲んでないけど。ただすごい薬。
吉田　ライブでは緊張したりするんですか？
A・T　出る前は吐き気しますよ。出ちゃえばもう大丈夫ですけど。ＩＳＳＡもだし、だいたい僕の周りは緊張しいで、出ちゃえば大丈夫っていう。ホントもう出たくないとかありますよ。鼻毛が見えてないかなから始まり。
吉田　ライブでそれだったらテレビに出るとなると……。
A・T　もう！　映画とか出たら画面はすごい大きさでしょ、よくやるなと思いますね。どんだけ自信あるんだこの人とか思って。
掟　Ａ・Ｔさんのテレビで思い出したんですけど、2000年代頭にＡ・Ｔさんがいろんなことに挑戦する番組がありましたよね？
A・T　あ、それＴＶＫでやってたエイベックスの『channel-a』って番組で。音楽じゃないところで俺をブレイクさせてあげようっていうのがあって。ひどかったですよ！　それまで司会やってたんですよ。司会と替わって俺がそっちになったんですけど。自力でトラック押すとか、押して車庫入れするとか。
吉田　腰にいいわけないですよ！
A・T　いいわけないよ！　やりましたけどね。喜んでいただきたいじゃないですか。もうやらないですけど。あとバッティングセンターに行って一番速い160キロぐらいの球を受けるとか。キャッチャーミットで。
吉田　打つじゃなくて？
A・T　うん、すげえ速いの。前の日にグッチで買ったストローハットがあって、８万か９万ぐらいしたんですけど、サングラスも一応して。サングラスがまた見えにくい！
吉田・掟　ダハハハハ！
A・T　それで怖かったんだけど、３発目ぐらいで成功したんですよ。そしたら横から若者が出てきて、「やったーＡ・Ｔ！」とか言って。何か成功すると子どもが来るっていうシチュエーションで。みんなの兄貴みたいにしたかったんでしょうけど。「やったーＡ・Ｔ！」とかワーッと来てグチャグチャにされて、帽子グッチャグチャに踏まれちゃって。そっちのほうが悲しかったですね、ギャラより高いわけですから。あれが一番悲しかったかな。そういうことばかりさせられてたの。

掟　半年間ぐらいやってましたよね。

A・T　そう！　ゲストと一緒に市場に行って、誰が一番変わってて美味しい海鮮丼を作るかとかね。みんなふつうなんですよ。俺は北海道出身だから海鮮を遊びに使いたくないみたいなところがあって。レペゼン海鮮みたいなとこあるから。だから盛り付けを変えたのかな、甘エビとか使って。なんでこんなことしてるのかなーと思いましたけど。

吉田　でも、そこを見出されるだけの何かはあった。

A・T　でしょうね、近くにいる人からはね。意外におもしろい人だ、みたいな。でも、そこを出したいわけじゃないいんですよ。

吉田　そっちで成功したいわけではない。

A・T　ぜんぜん！

掟　でも、A・Tさんの素のところを見てると何かさせたくなる気持ちはわかりますね。

A・T　なるほど！　そっか……。そういえば、りんごちゃんって男なんですか？　女なんですか？　体のラインはこういう女の人いるって感じですよね。声はマジ男の声だし。

吉田　ただのピュアな視聴者じゃないですか！　ちなみに今回の『CONTINUE』の特集がヒプノシスマイクなんで、そっち寄りの人、誰かいないかみたいな感じでA・Tさんにお願いしたんですけど。

A・T　ああ、ヒプノシスが先に決まってて（笑）。宇多丸さんのラジオにゲストで出たとき俺の前にヒプノシス出てて。声優だから声がいいよね、あとコピー力の素晴らしさ！

吉田　作家陣もちゃんとした人を集めてるし。

A・T　メジャー感あるトラックでカッコよかったですね。デビュー曲なんか声からいろんな人が見えてくるわけじゃないですか。BUDDHA BRANDとかいろんな人がね。

吉田　西寺郷太さんとかも起用されて。

A・T　……何に？

吉田　ヒプノシスマイクの楽曲関係に。

A・T　なぜ？　郷太とは仲いいんですけど、なんでマイケル（・ジャクソン）で止めておかなかったんだっていう思いがあって。

吉田　ああ、西寺さんが出したプリンスの本のことですね（笑）。

A・T　そう！

吉田　やっぱりそこは引っかかる（笑）。

A・T　そう！　俺の知り合いがちゃんとプリンスの時代考証とかいろんなことやってるわけですよ。その人に呼ばれて郷太のプリンス論の発表会みたいなのにも行ったんですけど、なんでジャクソン一家だけでまとめてくんねえのかなと思って。

吉田　マイケルに詳しいのはいいけども。

A・T　ぜんぜんいいですね。

吉田　プリンスはちょっと……。

A・T　ダメですねえ！　引っかからない人はいないでしょ、いないわけがない！　それから話してねえもんな。会う機会もないんで。執筆してる頃に1回近所で会いましたけどね。「おう！」とか言って。ただ、もう「おう！」じゃ済まないですよね。

掟　いきなりビンタですね（笑）。

A・T　そんなことはしないけど！

吉田　こうやって聞くと吉川さんはそりゃあ叩かれるなっていうのがよくわかります。しょうがない！

A・T　でも、あの頃の吉川くんと本気でケンカしたら大問題になってましたからね。

吉田　吉川さんも間違いなく強いですから。

A・T　絶対に強いですよ！

掟　昔そんなにケンカしてたんですか？

A・T　でも、いつも準備はしてましたね。

吉田　それはA・T後ですね。A・T以前？

A・T　A・T後ですね。どこで狙われてるかわからないですからね。

吉田　絡まれたり。チャラそうなキャラクターだから、ナメられたらいけないっていうのは当然あった。

A・T　そうですね、それもあったし。m.c.A・Tを守っていかなきゃと思ったし、イメージとかブランディングとか。でも体とかベーシックはそこそこ作られてたので、クラブでも臨戦態勢で。実際バトルとかはしたことないですけど準備はしてました。いまはクラブ行ってもいろんな人が向こうから来てくれて、「マスイメージと違いますねえ」って言われちゃって。いい時代になりましたね。キングギドラと話ができる時代が来ると思わなかったもん。DJオアシスさんも向こうから声かけてくださって。まあ、準備してるっていうのも真剣に生きてたっていうことで、ホントなんもなくてよかったです。

鬼越トマホークの巻

DENCHI-IKA

PROFILE

鬼越トマホーク

坂井良多(左)。1985年生まれ。長野県出身。金ちゃん(右)。1985年生まれ。東京都出身。本名、金野博和。2010年にコンビ結成。『ざっくりハイタッチ』(テレビ東京)で放送された「鬼越トマホークの喧嘩を止めよう」のコーナーで一躍有名に。以降、様々な番組に出演中。

吉田　今日はボクにとっても最初のＺｏｏｍでのリモート形式インタビューになります！
坂井　僕も初めてなんですけど、こんな時期にお仕事くださってありがとうございます。
吉田　いま、お仕事はゴッソリ減ってます？
坂井　ゴッソリないですね、もう闇営業とかもなくて（笑）。吉田さんとは前に一度、「ギュウ農フェス」でお会いしましたけど。
吉田　ああ、ボクも交流があった幻・ｎｏのライブのときですね。
坂井　そうです、僕がスタッフやってて。
吉田　（雑談が弾むが省略）……いま連絡が入りまして、「金野さんと連絡がつかないので、このまま始めてくれ」とのことです。
掟　えぇーーっ!!
坂井　ヤバいですねぇ。僕ら基本仲いいんですけど、あいつはカッコつけてるのか、僕にあんまり自分の情報を言わないんですよ。僕はよく「鬼越トマホーク金野」で検索するんですけど。そしたら変な商売みたいなこと始めてて。あいつゲイの方に人気あるから、Ｚｏｏｍでパンツ一丁飲み会みたいなのをやってて。金野はツイートしてなかったんですけど、それに参加した人が「パンイチ飲み会参加しました」って。それで夜更かししたんですかね？
掟　鬼越はゲイのお客さんが多いんですかね？
坂井　僕も「人気あるでしょ」とか言われるんですけどぜんぜん。金ちゃんのみですね。１回テレビの企画で千葉真一さんの息子の新田真剣佑と鬼越トマホークの３人のなかで誰に一番抱かれたいかって新宿２丁目でアンケート取って、そしたらほぼ全員金野でした。
吉田　マッケンに圧勝!!
掟　何が違うんですかね？
坂井　やっぱり包容力あるんでしょうね。
吉田　鬼越トマホーク自体が、なぜかＢＬ的な匂いを漂わせたグループじゃないですか。
坂井　そうですね、ＢＬを通り越して18禁超えちゃってますよね。あと僕、掟さんを前に見てます。阿佐ヶ谷ロフトでの「童貞ｖｓヤリマン」企画で。
掟　ああ、山口明さんが出たヤツですね。
坂井　はい、プロ童貞の方が。金ちゃんと行ったんですけど、そのとき掟さんが遅れて来て、嫁と子どもを連れて「童貞だ！」って言い張ってたから大爆笑した思い出がありますね。しかも童貞を応援する男しか観に来てないんで、掟さんの奥さんにみんなゴクッ、みたいな。少年院に女が来たみたいな感じで。

吉田　矢吹ジョーの少年院に白木葉子が来たときみたいな（笑）。

坂井　あと僕、プロレスファンなんで『紙のプロレス』も読んでました。だから、僕もおふたりにはだいぶ昔から注目してましたね。

吉田　ありがとうございます。ボクも坂井さんの格闘技の原稿は文章うまいなと思いながらよく拡散してるし、『爆笑問題カーボーイ』のゲスト回も拡散して。あれは年間ベスト級の素晴らしい放送だったと思ってます。

掟　最高でした！

坂井　ありがとうございます。爆笑問題はまったく尊敬してないんで（笑）。尊敬してる人の前だと、なんにもできないんですよ。

吉田　どうしてもいつものように行けない。

坂井　行けないですね、やっぱり。好きなプロレスラーと一緒になってもぜんぜん……僕、武藤敬司さんとか好きなんですけど、初めて一緒になって、恥ずかしくて何も話せなかったです。「武藤さんにあこがれてこういう見た目にしてるんです」とも言えなくて。

掟　あ、そこから来てるんですね。

坂井　そう、クロちゃんではないです！

吉田　プロレスや格闘技好きが高じて、いまは選手の人とも交流あるっぽいですよね。

坂井　そうなんですよ、あんまり尊敬してない人とは友達になれますね。やっぱり気にしなくていいんで。（明石家）さんまさんもそんなに尊敬してないんで言いやすいですね。

吉田　ダハハハハ！　だから『さんまのお笑い向上委員会』でもやりやすいわけですね。

坂井　そうなんですよ。ダウンタウンさんが一番緊張しちゃいますね。

吉田　爆笑・太田光さんに対しては、かなり手加減もなくいけてる感じがしますもんね。

坂井　そうなんですよ、もっと踏み込んでよかったのかなと思って。「ホントに松本（人志）さんに土下座したんですか？」とか聞きたかったですもん（この後もデリケートな話を続けるが諸事情で省略）。

吉田　……そもそも疑問なのが、吉本にいながらなんでそんなに発言が自由なんですか？

坂井　吉本、嫌いなんですよね（あっさりと）。東京の吉本は好きなんですけど、大阪吉本があんまり好きじゃなくて。「大阪は夢がない」とか言ってるのに平気で上京して来て、大阪人のコミュニティを作ってこっちとは絡まないし、東京はレベル高くないでしょ、みたいな感じを出してくるんで、だったら上京して来んなよと思ってるんですけど。

吉田　そのへんがポロポロ出てますよね。

坂井　ポロポロ出てますね。だから東京に染まってもらって話しかけやすくなってる人は好きですけどね、千鳥さんはすごい好きで。

掟　千鳥さんには番組で言ってましたよね、「最近本気で漫才やってない」みたいな。

坂井　あれは事実ですからね。

掟　言ってることが的確ですもんね、言われたほうも理由があるから納得するというか。

坂井　2ちゃんねるみたいなこと言ってるだけで、その実写版だと思ってもらえれば。

吉田　ただ、2ちゃんねるに匿名では書けても本人の目の前では言いづらいわけですよ。

坂井　だから、2ちゃんねるに書いてることをちゃんと名前さらして言ったらそれが芸風になったっていうだけなんですよ。みんなが心の中で思ってることを言ってるだけです。

吉田　それがどれだけハードル高いのかっていうことですよ。これだけ上下関係の厳しい世界で、それをやるのは大変だろうなって。

坂井　でも、もうバグッてきちゃいましたね。あんまりお金もらえないのが10年続いたんで。お金がないから地下アイドルのスタッフやり始めたとき、どうでもよくなってきちゃったんですよ。次の日にお笑いの仕事があったとき、もう好きなこと言っちゃおう、どうせ明日もチェキ撮るんだし、みたいな。

吉田　1現場5000円でしたっけ？

坂井　そうですね。その子たちの前の事務所がブラックで、フリーになったときスタッフになったんですよ。1回5000円ってことで2現場ある日は1万もらってましたね。

吉田　幻．ｎｏも昔のスタッフが1000万円持って飛んだりしたわけじゃないですか。

坂井　そうなんですよ。それが地下アイドル業界ではあるあるみたいで。それをアイドルに詳しくない僕が聞いたときに、「曲にしたらおもしろいんじゃない？　1000万以上稼げるかもよ」って言ったらホントに曲にしちゃって。でも、ぜんぜんバズり切らないというか。アイドルはムズいっすね。売れるとなると芸人よりムズいかもしれないですね。

吉田　あ、金野さんがいまZoomに参加しました！

金ちゃん　こんにちは！

掟　よろしくお願いします！

金ちゃん　……今日は何の取材ですか？

吉田　ぜんぜん説明されてないんですね。

金ちゃん　説明されてないです。マネージャーから「Zoomに入ってください」って言われただけで。悪口を言えってことですか？

吉田　悪口でもなんでも対応しますよ！

金ちゃん　……え、これ雑誌に載るんですか？

吉田　当たり前です！　原稿チェックもあるので、ある程度踏み込んでも大丈夫ですよ。

坂井　僕ら、いま八木賢太郎さんとお仕事してるんですよ。八木さんと吉田さん、元一緒の媒体（初期『紙のプロレス』）だから。でも、それ闇の雑誌でけっこう言っちゃいけないこと書いちゃうんで告知してないんです。

吉田　ちなみに八木さんの師匠だったお笑い雑誌の編集長で竹本幹男っていう人がいるんですけど、その人は言っちゃいけないことを言ってお笑いの世界から干されましたね。

坂井　ハハハハハハ！

金ちゃん　だからこのご時世、ホントに気をつけないとダメなんですよ！

坂井　吉田さんは八木さんとは同僚みたいなことですよね。じゃあ、ジャン斉藤さんは？

吉田　彼も後輩ですね。

坂井　じゃあ『紙のプロレス』は、ほぼ反社みたいな雑誌だったってことですね。

吉田　そうですね、ジャン斉藤はもともと賭け麻雀で食ってたような男ですから（笑）。

掟　ダメな人ばっかじゃないですか！

坂井　ボスの山口日昇さんは借金を背負い。

吉田　8億円の借金を負ったまま失踪中で。松澤チョロっていうのはテキ屋をやったり。

金ちゃん　反社じゃないですか！

坂井　そういえば掟さん、阿佐ヶ谷ロフトでチンコ食ったっていうのは本当なんですか？

掟　それ俺じゃないです！　阿佐ヶ谷ロフトで性転換して切ったチンコをその場で料理して食べるイベントがあったんですよ。それが大問題になって阿佐ヶ谷ロフトがなくなりそうになったって事件があって。そこには関係してないです。チンコは出してますけど。

坂井　その首謀者が掟さんじゃなくて？

掟　俺まったく関係ないです！　阿佐ヶ谷ロフトは店長をクビにして責任取りました、みたいな感じになって。その店長がいま高円寺パンディットっていう店をやってて、そこでいまスナックイベントをやってるんですよ。

坂井　なるほど。すべてのサブカル系の悪事に掟さんが絡んでるみたいに思ってました。

掟　そうだったら、かなり儲かってますよ！

金ちゃん　他にどんな話してたんですか？

吉田　まず鬼越ゲスト回の『爆笑問題カーボーイ』が年間ベスト級の素晴らしい番組だったってことで。

坂井　爆笑問題を僕らまったくリスペクトしてないんであれができたってことを話して。

金ちゃん　そうですね。僕、番組のなかで「爆笑問題のファンです」って言ってたんですけど、あれはやりやすくするための嘘です。「ファンです」って言っておけば変なこと言われても怒れないじゃないですか。だから一応リスペクトを表しながら悪口を言うっていう。

吉田　「好きだからこそ言えることなんですよ」みたいな空気を作るためだけの言い訳。

金ちゃん　そうですそうです。「太田さんの毒舌とかあこがれてました」みたいなこと言っとけば、向こうも自分と同じことやられても怒れないじゃないですか。だから向こうがそれにまんまと引っかかったって形です（笑）。

坂井　正直、俺らホントに尊敬してる人の前に行ったら力なんか発揮できないよな？

金ちゃん　ガチガチで終わっちゃいます。でも、それを最初にかましといたからでしょうけど、すげえ爆問さんが優しかったですね。

吉田　太田さんが同じことをやろうとしてる人間に対して、「俺と同じ失敗はするなよ」って空気をすごい出してたじゃないですか。

坂井　たしかに。
金ちゃん　太田さんは「おまえらちゃんと気をつけろよ、これ茨の道だぞ」って言ってくれたんですけど、ウーチャカ（田中裕二）が何も考えてないんで。田中さんは「いいからおまえら行け行け！」みたいな感じで、そういうヤツを焚きつけてくるんですよ（笑）。
吉田　地雷を踏ませようとするんですよね。
坂井　僕は正直ダウンタウンさんにあこがれてるんですけど、共演してみて爆笑問題はすごい鬼越トマホークに似てるなと思いました。太田さんは破天荒に見えてすごい心が弱いんですよ。あと、ボケだけど人の悪口でしか笑いを取れないじゃないですか、モノマネとかができないので。
吉田　まあ、茨の道を歩かざるを得ない側の人ですよね。
金ちゃん　芸が少ないんですよ。
坂井　その武器が少ない、気持ちが弱いけど悪口しか言えないところがすごく僕に似てて。で、相方にめっちゃ依存してるんですよ。あそこもすごく仲いいじゃないですか。基本、田中さんが全部太田さんを許してるように見せといて田中さんのほうが頭おかしいっていうのが金野にすごく似てるんですよ。
金ちゃん　やめろ！　ウーチャカと一緒にすんな！　でも、たしかにコンビのバランスは似てるかもしれないですね。やっぱり太田さんって相当ビビリなんで。収録してないときも、「おまえらマジで気をつけろよ」「こういう芸風はこういうことが起きるぞ」って、いろんな太田さんの経験談も踏まえて、めちゃくちゃ教えてくれたんです。ここでも話せないようなことがいろいろあったみたいで。
吉田　実際に干された人ですからね。
金ちゃん　結局、時代が許してくれないんじゃないか、みたいなことも言ってましたね。「俺らは昔だったからまだよかったけど、いまはそういう時代じゃない」と。だからこそこういう芸風のヤツらを待ち望んでたというか、似てるからこそ応援したいみたいなことも言ってくれたんですけど。
坂井　でも正直、共演してみたらあんまりおもしろくなかったよな、爆笑問題さん。
金ちゃん　やめろおまえ！
坂井　なんかちょうどいい緊張しない大御所なんですよね、プチ大御所っていうか。

金ちゃん　で、太田さんとかめちゃくちゃゲラで笑ってくれるんですよ。『爆笑問題カーボーイ』に出たときに、ツイッターのフォロワーが2000人ぐらい増えたんですよ。で、2回目に出してもらったときは50人ぐらいしか増えなかった。だから、たぶんあのラジオ聴いてる人、2000人しかいないですね。

吉田　『お笑い向上委員会』で最初に太田さんと絡んだときも、あれはリスペクトがないからこそできるキツめの攻撃でしたもんね。

坂井　あのときはほぼ共演したことなかったんで、まだちょっと気を遣ってたんですよ。でもぜんぜんおもしろくねえな、なんでみんなちょっと気を遣ってるんだろうと思って。

掟　あのときは変な空気でしたからね。

金ちゃん　テレビで観る以上に現場はめちゃくちゃスベッて、信じられない状況になってましたから。さんまさんも怒ってましたし。

坂井　吉本のノリとかあんまり好きじゃないんですよ、立ち上がらなきゃいけないとか転ばなきゃいけないとか。でも、太田さんのスベりっぷりを見ると吉本ってけっこう素晴らしいなと思いましたね、助け合いというか。

金ちゃん　あれを流しちゃうフジテレビもヤバいんじゃないかってマジで思ってましたから。まだ収録だったらなんとかなるのかなと思ったんですけど、でもあのメンバーをずっとキャスティングしてるわけじゃないですか。それもうやめたほうがいいんじゃないかなってマジで思いました、太田さんとか。

坂井　大人数に向かないよね、あの人。

吉田　まったくチームプレイやれないし。

金ちゃん　あの人、吉本芸人とぜんぜん仲良くできないんですよね。基本的にふたりぐらいとしゃべってるのがちょうどいいんです。

坂井　だから文化人気取りみたいな仕事させとけばいいんですよ。親父のヒストリー語るとか、なんか偉そうなこと言ってたりとか。

吉田　『ファミリーヒストリー』で（笑）。

坂井　でも、つまんないわりにファンは多いんですよ、反吉本みたいな人も爆笑問題好きなんで。だから若手が共演しやすいんです。

金ちゃん　あと、意外と懐が深いんでなんでも許してくれるっていうのはありますね。みんなツッコんだり首絞めたり、吉本の人だったらあんなにいけないです。でも、爆問さんはそこの懐の深さはあると思うので。
吉田　ある程度やっても大丈夫っていう。
金ちゃん　でも、田中さんがいないとダメです。太田さんだけじゃどうにもならない（笑）。
吉田　ツッコミがいるからこそ成立して。
坂井　あと、「タイタンライブ」っていうのに出させてもらって、そんな出たくなかったんですけど、立場上は出たいって言ってて。
金ちゃん　嘘つけ、おまえめちゃくちゃ「出してください」って頭下げてたじゃねえかよ！
坂井　意外とギャラよかったんで。
金ちゃん　ギャラはね。
坂井　あれで爆笑問題の真実を見ましたね。
吉田　どういうことですか？
坂井　爆笑問題の本隊は太田光代ですよ！
吉田　ああ、その通りだと思います（笑）。
坂井　あれ、ホントに女帝ですよ。もう相当ヤバいですよ、ホントに田中さんも含めて逆らえないし。業界の人みんな太田さんになんかひと言も挨拶しなかったですよ、光には。光代に挨拶しに行くんですよ。もう『ゴッドファーザー』みたいな感じなんですよね。
吉田　太田光代社長はこの連載にも出てもらって。ボク、太田光代社長にすごい気に入られて、太田さんと離婚してボクと結婚し直すってイベントで言われたんですよ。冗談かと思ったら打ち上げで真顔でさらに言われて、これはマズいと思って距離を置いたんです。
金ちゃん　体の関係とかないんですか？
吉田　体の関係はないですけど、太田さんが寝てるとき家に呼ばれて部屋で飲んだり。
坂井　えーっ!!
金ちゃん　ヤバっ!!
掟　酔っ払ってるときの光代社長がかわいげがあるっていうことで何度も誉めてたらね。
吉田　「私は旦那からぜんぜん誉めてもらえない、いま私を誉めてくれるのは豪さんだけ」ってことで、一時期しょっちゅう飲みに呼ばれて、「お姫様抱っこしないと帰らない」って駄々こねるから、お姫様抱っこして車に乗せるとかずっとやってたんですよ。
金ちゃん　取り返しつかねえ！　そこまでいったら抱くしかないじゃないですか！

吉田　いや、ボクはあの夫婦が好きなんで、夫婦関係を壊したいわけじゃないんですよ。
金ちゃん　ああ、それはわかります。
坂井　ビートたけしさんの昔の夫婦関係みたいな。太田さんもあこがれてると思うんで。
吉田　ちなみに、いままでのケンカ&罵倒芸で、「……あれ、この人ガチで怒ってるな」って感じたことはどれくらいあるんですか？
坂井　正直言うと一切ないんですよね。
吉田　『ざっくりハイタッチ』でのCOWCOWの多田（健二）さんも、あれはネタで。
金ちゃん　僕らに対してのドッキリみたいな、それでCOWCOWさんがキレてスタジオを出て、千原ジュニアさんとかがたまり場で見てるんですけど、そこでまたケンカするっていう流れがあったらしく。僕らはそれを一切知らなかったんで。やってるときは正直、ガチでキレられたと思ってましたけど。
坂井　もともとああいう人ですから。
金ちゃん　それが芸風というか。
坂井　でも、多田さんはいま会っても優しいんで、「話題になったからええな」みたいな感じで。ただ、僕がトーク場面で調子こいていろいろイジッてたら大友康平さんにちょっとだけ怒られたことならあります。
掟　まあ、お笑いの人じゃないんで（笑）。
金ちゃん　モノマネ番組に出たときに、坂井がちょっとだけ大友康平さんに毒じゃないんですけど軽く言ったんですよ。
坂井　いや、大友さんってすごいボケたい人なんですよ。俺が大友さんのコメントを遮ってなんか言っちゃったんですよね、そこで「てめえうるせえぞコノヤロー！」みたいな、一瞬ピリッとしたことはありました。
金ちゃん　そこ全カットになってたもんな。
坂井　でも終わったあとに大友さんから僕らみたいなザコのとこ来てくれて、「さっきちょっとごめんねー、うまく絡めなかったわ」みたいな感じで、いい人だなと思いました。
吉田　基本、芸人さんはシステムをわかった上で、ちゃんとやってくれるけど、そうじゃないとそこがわからない人もいますからね。
金ちゃん　ただ、そういう意味では坂井が[redacted]くんに言ったヤツがヤバかったです。
坂井　……ちょっと待て。なんでいま[redacted]くんの話しなきゃいけないんだよ。おまえもガチで友近さんに説教された話あるじゃん！

金ちゃん　笑えないっす。その話はやめろ！　全カットになったじゃん、●●くんのヤツ。

吉田　……何があったんですか？

金ちゃん　でも変な話、スキャンダルが出てからみんな彼の演技がどうのこうのって悪口を言い出したじゃないですか。そうじゃなくて僕たちはあれが出る前から言ってたんですよ。

坂井　それよりもずっと前に、「おまえの演技、棒読みだぞ」って言ったんですよね。

金ちゃん　「正直、どんな役やっても一緒なんでもうちょっと演技力を磨いたほうがいいと思います」みたいに言って。その場はけっこうウケたんですけど、後藤（輝基、フットボールアワー）さんとかがマジでヤバい顔になってて。

掟　お笑いの人は、マジで怒ったらお笑いとしてどうなんだって感じですけど、お笑いじゃない人はガチでキレる権利ありますから。

金ちゃん　そうですね（笑）。ただケンカを止めに行って悪口を言われてるだけですから、向こうにはなんのプラスもないですからね。

掟　的確な指摘はよくない（笑）。

坂井　怖いのが、最近「鬼越トマホークのケンカを止めよう」が芸人以外にも広まってきて、しかもコロナ自粛中でみんなストレスが溜まってきてるんで、「いまこそ鬼越トマホーク、政治家にもの言えよ」って。俺なんか政治家のツイッターにリプするべきなんじゃないかみたいな感じで言われてて、それがちょっと怖いというか。僕ら頭よくないんで。

掟　いやいや、政治家への文句なんて誰でも言えますからね、言うことも決まってるし。

金ちゃん　僕ら雑誌の取材でも「最終的には安倍首相とかトランプに言いたいんですよ」とか言っちゃってるんですよ。だけど俺らこう見えてもメンタルめちゃくちゃ弱くて、マジで炎上したくないんですよ。なので政治家とかへの批判はちょっと違うかなと思って。

坂井　爆笑問題で限界のラインだもんね。

金ちゃん　正直そうなんだよ。もっと上もいきたいけど、政治とか宗教が絡んでくるとまたちょっと違ってくるじゃん、お笑いとは。

坂井　昔たまたま1回会った政治家が、こないだツイッターの発言でめっちゃ炎上してましたからね。佐々木紀さんっていう森喜朗の地盤を受け継いだ人なんですけど、1年ぐらい前に飯食いに行って、「先生、日本をよろしくお願いします」って俺、握手したんです。

吉田　気軽に日本を任せますねえ（笑）。

金ちゃん　俺ら誰か知らないけど媚びて、「先生、これからはあなたにかかってます」って言って、ぜんぜん覚えてないですけど。

坂井　やっぱ政治家だから、そういうこと言ってもタクシー代とかくれないもんな。

吉田　当たり前ですよ！　あとこの前、動画観てて思ったのが、ルール知らない人の絡みにくさはすごいなと思って。ある記者会見に木村多江さんと出演したとき、某コンビニの社長がたいへんだったじゃないですか。

金ちゃん　あれは現場がマジで地獄でした。まず記者の人ばっかりで、お笑いの記者でもないから何言っても絶対ウケないんですよ。プラス、某コンビニの上の人からも「悪口を言わないでください。できれば誉めるとか、あまり傷つけない形で言ってください」と。

掟　呼ばれた意味ないじゃないですか！

坂井　だから僕は最初、「全体的にセブンイレブンのほうが美味しいからな、みたいなことを言いたい」って言ったんですよ。まず吉本の社員からそれはダメだって言われて。

吉田　当たり前ですよ！

坂井　吉本と某コンビニがコラボしてるから、「そんなのセブンとコラボしたほうがいいですよ、絶対セブンのほうが美味い」って言ったら、「それ絶対言うなよ！クビレベルの問題じゃないぞ」って言われちゃって。

掟　全社を挙げてダメだ、と。

坂井　本番ウケちゃえばOKになるっていうのはあるんですよ。ただあの社長だから絶対言えないなっていうのはありました。脳天気でわかってない。社員の人も俺らに言ってきましたよ、「社長はちょっと調子乗りなんで」って。でもやっぱり基本、変な人が社長になるよな、頭がよくてヘンテコな人が。

金ちゃん　流れとかはわかってたんでしょうけど、出しゃばっちゃうというか。一番やりづらいというか。俺らがなんかしゃべるとバーッとしゃべってきたり。それはしょうがないんですけど、向こうの社員さんにも「ウチの社長はあんな感じなんで、変な感じになるかもしれません」とは言われてたんですよ。

坂井　ホントの大社長ってああいう人多いですよ、アパホテルの社長とか。大金持ちって「なんでケンカが起きてるの？」だけで、止めに行くっていう発想がないですからね。

金ちゃん　お笑いがわかってないから。某コンビニのは金もらったんでいいんですけど。

坂井　口止め料ね。

金ちゃん　あの現場だけで終わればよかったんですけど、ＹｏｕＴｕｂｅでその動画がめっちゃ流れてて。それを言われるのが嫌なんですよ。なんとかあれ消してほしいんですけど。

吉田　気持ちはわかりますけど、たいへんな空気のなか頑張ってるのは伝わりましたよ。

坂井　そうです。僕らも弱い人間なんで。『爆笑問題カーボーイ』では「いつ死んでもいい」とか「いつ干されてもいい」とか言ってたんですけど、金野も結婚しちゃったんでちょっと小銭はほしいみたいなところはありますね。コロナでホントに来月再来月は収入ゼロになるんじゃないかって恐怖が一気にきて、テレビに出たときは世の中の人に伝わるレベルのケンカをっていうのはありますね。

金ちゃん　芸人とか作家とかテレビ関係の人は、「おまえらおもろいからどんどん行け、いいよ」ってめっちゃ言うんですけど、責任を取ってくれるわけじゃないし、ホントに遠くから動物園のゴリラを見るような感じで楽しんでるんですよ。ちゃんと檻があって、俺らがウンコ投げてるのを楽しむみたいな状況なんですけど。だから自分たちである程度はセーブしないとなとは思ってて。

吉田　（諸事情でカットにはなったけど、とあるラジオの話をしていた流れで）芸人さんがツッコミ不在のままひとりでやると問題が出ますよね。

坂井　鬼越トマホークの場合はツッコミのほうが頭おかしいんでヤバいんですけど。

吉田　追い打ちのほうがひどい（笑）。鬼越トマホークにしても漫才のネタ自体が言っちゃダメなことだったりするじゃないですか。●●●●と●●●がどうとか。

坂井　ああ、ありましたね。

金ちゃん　それが楽しいんですよ。寄席とかでは楽しんでできるんですけど。だからネタでテレビは呼ばれないし、配信も無理で。

坂井　だから『M-1』とかも激弱ですね、アドリブもやっちゃいけないような感じなんで、縮こまってます。毎年、「鬼越トマホークはケンカだけじゃなくて『M-1』も」みたいに言われて、それがプレッシャーで。

吉田　特に坂井さんはプレッシャーを感じるタイプで。

坂井　そうなんですよ。決勝のメンバー発表されるぐらいまでってずっと嫌な思いしてるんですね。今年はオリンピックがないってことは『M-1』もなくなる可能性あるじゃないですか。だからちょっと気が楽というか。

金ちゃん　まさかなけりゃいいと思ってる？

坂井　そうだよ。あんな賞レースなんて全部なくなっちゃえばいいんだよ！

金ちゃん　それ芸人としてヤバいよ！

坂井　あんなのおかしいんだって！

金ちゃん　『キングオブコント』もないんじゃない？ふつうなら予選が始まるでしょ。

坂井　ないんじゃないかな。賞レースに懸けてる若手いっぱいいるんですけど、ざまあみろと思ってます。

金ちゃん　実際なくなったらうれしい？

坂井　うれしいよ。『R-1』だけずっとあのスタイルでやってほしい、リモートで。

掟　『R-1』はできますからね。

金ちゃん　でも、『R-1』はチャンピオンになってもそんな跳ねないじゃないですか。

吉田　メリットがないんですよね。

坂井　コロナの問題は僕らレベルでも自粛していかなきゃいけないし、賞レースがなくなるのはワクワクしますね、お笑いも含めてひっくり返るぞ、みたいな。

掟　お笑いのシステムごと変わるというか。

吉田　いま大物も仕事がなくなってるから、うまくやれば勝てちゃうかもしれないし。

金ちゃん　そうなんですよ。若手芸人が喜んでるらしいです。テレビで活躍してない若手芸人がSNSとかで活躍できるんで、この状況をウェルカムって感じでやってる人もいて。

坂井　芸人とか格闘技も無観客とかで寂しいわりには観てる人半端ねえらしいんですよ。

吉田　みんな暇ですからね。

坂井　だから吉本の渋谷の劇場なんて若手がネタやるっていっても200席あって30～40人しか来ない

ときもあるんですけど、無観客配信は1600人ぐらい観たりして。

吉田　ボクもトークイベントの無観客有料配信を始めてるんですけど、観てる人数がぜんぜん違うからギャラも増えてますからね。

金ちゃん　そうなんですね。じゃあ俺もパンイチ飲み会、金を取ってやろうかな？

坂井　それでいいよ。これからは「課金してもらったらチンコ見せます」でいいじゃん。

金ちゃん　余裕で見せるよ！

坂井　掟さんはいま何かやってますか？

掟　そういう技術がないんですよ。とりあえず自分のTシャツを通販でも売り出して、なんとか生活費ぐらいになってる感じです。

坂井　僕らもコアなファンいるんだからオンラインとかそういうの向いてるって言われるんですけど、技術がないんですよ。Zoomもこの取材がなきゃやらなかったですもん。

掟　吉本の会社から技術を提供されたりは？

金ちゃん　それはないです。

坂井　勝手にやって上がりは納めろって。

金ちゃん　コンビでオンライン飲み会を有料でやろうかなと思ってるんですよ。それ吉本にもプラットフォームがあって、7人限定とかで、ひとり3000円とか5000円とか取って、1時間半ぐらいしゃべると僕らの手元に1万3000円ぐらいなるっていう。

吉田　そんな小さなパイでの飲み会よりも、有料配信トークイベントとかにしたほうが確実に稼げますよ。有料で2000円ぐらいにしたほうが数百人が観てくれるはずなので。

坂井　そうなんですか。ただ、好きなこと言えるけど録画されてたらヤバいですよね。

吉田　箝口令を敷いておけば外に漏れないぐらいの、ロフトプラスワン的なシステムにはなりますね。「お金を払ってる以上は俺らもルール守る」みたいな空気にはできるんで。

金ちゃん　無料だったら危ないですよね。

吉田　無料は絶対ダメですね。あと買った人の名前もメアドもわかってるんで、意外とふつうのイベントより口が堅くなるんですよ。

坂井　お金取るの大事かもしれないですね。

掟　あと、ホントにヤバいことはみんな誰にも言わないっていうのはあると思います。言った俺もマズいぞっていうことになるんで。

吉田　かつてＵＷＦインターナショナルの社長だった鈴木健さんとトークイベントやったとき、完全アウトな話をしてから、会場の人たちに「みんなこれ書いていいよ」って言ったんですけど、ヤバすぎて誰も書かなくて。下手にブレーキをかけるぐらいだったら、思いっきり踏み込んだほうが秘密はバレないんだなって思いました。

金ちゃん　そういう意味でいうと、ウチの親父はもともと美川憲一さんのマネージャーやってたんですよ。親父も元歌手でイケメンで（以下略）。それを坂井が『爆笑問題カーボーイ』で言ったら、唯一そこだけカットされて。

吉田　「おまえそれマジでダメだぞ」って言われてたのはそこだったんですね（笑）。

坂井　あれと、●●●さんイジりはカットされましたね。太田さんに「若手には大御所のなかで俺が一番つまんないと思われてるんだろ」みたいなことを言われたんで、「太田さんは二番目ですよ、一番は●●●ですよ」って言ったら、「おまえ、それホントにダメだぞ」って（笑）。

金ちゃん　あのときは現場もすごい変な空気になってぜんぜんウケなかったんですよ。

吉田　世代じゃないとリスペクトもないし。

坂井　元祖ユーチューバーみたいなもんですよ。

吉田　そうなんですよ。芸能界のルールを知らない素人が、好き放題に暴れるっていう。

金ちゃん　（デリケートな話題なので大幅に省略）……これ使えるとこあるんですか？

掟　基本的に全部載せるんで大丈夫です！

金ちゃん　全部載せるのはやめてください！

吉田　相当伏せ字にはしますけどね（笑）。

金ちゃん　すいません、僕らが言ったことは全部掟さんの発言にしておいてください。

吉田　掟さんなら大丈夫ですからね（笑）。

掟　芸能界にいないんで大丈夫です！

金ちゃん　お願いします！

坂井　最近暇なんでツイッターでエゴサしてたら、「鬼越トマホークがラジオでは絶賛されてるけど地上波で活躍しきれないのは掟ポルシェが『ＨＥＹ！ＨＥＹ！ＨＥＹ！』に出たときに活躍できなかったのとダブるな」っていうのが出てきて（笑）。何なんですか、それ？

掟　ハハハハハハ！　あれはダメでしたね、ホントに。いまだに夢に見ますからね……。

吉田　掟さんのトラウマ案件ですね（笑）。

金ちゃん　先週ぐらいに『向上委員会』に出て、ザブングルの加藤（歩）さんがかしわ餅の被りものでみんなになんかやらせるっていうのがあって、僕らは拒否したんですよ。だいたい芸人ってやるんですけど、そこで拒否したことが、「あそこでおまえらはチャンスを逃した」と。それがかつての掟さんを彷彿とさせた、みたいなリプが来たんですよ。

掟　ダウンタウンさんは勘の悪い人が嫌いですから。最初のトークで完全にこいつら勘が悪いって見切られたんでしょうね。『HEY！HEY！HEY！』は2回出てるんですけど、2回とも相手にしてもらえない感じでした。

坂井・金ちゃん　マジっすか⁉

掟　すぐ下向くみたいな感じで。2回目は9nineっていうアイドルの応援で出たんですけど、そのときは周りの芸人さんが、いまのところは拾ってやってもいいんじゃないかって同情するくらい全部切られましたね。まず絡んでもらえない感じで。それぐらいなので俺のレベルじゃないと思います、大丈夫！

金ちゃん　真相がわかってよかったです！

吉田　そして、鬼越トマホークは掟さんよりはぜんぜん対応できてるってことですね。

掟　超えてますね。

吉田　ダウンタウンと絡んだことは？

坂井　まったくないんですよね。『水曜日のダウンタウン』の前説やってるぐらいで。吉本で一番緊張します。さんまさんとかたけしさんって僕らからするとおじいちゃんなんで。でもダウンタウンさんっていつまで経っても若手芸人にとっては怖い親父なんですよ。

吉田　ちなみにボクは『水曜日のダウンタウン』の初回収録のゲストだったんですよ。「吉田さんに松本さんの過去の著書から矛盾点をツッコんでほしい」というかなりキツいオファーで。

坂井　ヤバッ！　藤井健太郎さんの演出で？

吉田　そうです、藤井さんから言われて。無茶苦茶キツかったですよ、何の信頼関係ないままキツめのをツッコミを入れるっていう。ただ、その前に品川祐さん本人の前で、品川さんのお母さんが愛人をやってた時代に出した実録エロエッセイを品川さんの前でツッコむ企画をやってたから、品川さんがそこでうまくフォローしてくれたんで助かって。品川さんがいなかったら大事故でした。

金ちゃん　じゃあ、そのときは掟さんみたいにはならなかったってことですね。

掟　俺みたいにはならないです！

坂井　掟さんをイジるなよ！

金ちゃん　すみません！

掟　俺、もうダウンタウンさんの番組からオファーがあっても精神的に出られないです！

金ちゃん　1回目に出たとき、何かここをミスったなっていうのはあったんですか？

掟　自分のCDのなかに、男とはどうするものだみたいな説教というかネタがあるんですよ。それをまんま話してくれってスタッフに言われたんですね。まんま話してもおもしろいもんじゃないんだけどなーと思いながら、求められたのでひととおりやって、松本さんに言われたのが「……おまえ、さっきから何言ってるかぜんぜんわからへんぞ」って。

金ちゃん　ああ、そのパターンですね。

掟　単純にハマらなかったのが1回目で、2回目はなんとか爪跡残そうと思って頑張ろうとしたんですよ。アイドルの特集で、その前にCDを出してる女子アナが出てきたんで、「俺、持ってます！」とかそういう受け答えをしたんですけど、あんまりうまく言えなかったんですよ。そしたら松本さんが下向いて、「いま誰も得しない落とし方したでー」って言って、そこからシーンとなりましたね。そこから全部扱いが変わったというか、何を言っても相手してくれないというか。

金ちゃん　想像しただけで怖いですよ！

坂井　最初のきっかけは番組スタッフのせいでもあるってことですよね。スタッフの人、一緒に死んでくれない人が多いですもん。

金ちゃん　打ち合わせで「こうしてください」ってめっちゃ言うのに、現場でぜんぜんウケなかったときにそっぽ向いてたりするんですよ。『スッキリ』のときはマジでヤバかったです。生放送で誰も笑わないですから。

坂井　だから神風特攻隊で見送るだけ見送って、死んでも供養してくれないんですよ。

吉田　供養すら（笑）。

金ちゃん　打ち合わせではめちゃくちゃウケてたんですよ。スタッフさんもみんな笑ってくれて、「めちゃくちゃいいですね、それかましましょう！」みたいな。で、ノリノリで一心同体みたいな感じだったんですけど、本番一発目から一切ウケなくて、「あれ？」ってなって、スタッフさんの顔見たら目も合わせてくれないんですよ。そこからもう変なテンションになっちゃって、ふたりでもう全部やっちまおうぜ、みたいな。それでああいう状況になって。ケンカしかなかったんで。

坂井　でも僕らありがたいのは、『スッキリ』の生放送でしくじったとか、『爆笑問題カーボーイ』も『27時間テレビ』でエグい空気になったからとか、後に仕事につながったりイジリどころになることなんですよ。

吉田　途中でヤバいと思って一歩引いてソフトにするほうがたぶんダメなんですよね。

金ちゃん　そうですね。キッチリとやりきってあとでエピソードにしたほうがいい。

坂井　『スッキリ』の件も最近『ゴッドタン』でイジッてもらって、「加藤浩次がホント能力ないんですよ」みたいなことを言うと、そういう若手いないし、きっかけがあれば僕らも言えるんで。ありがたい芸風です。

吉田　アウトなことでもなんとか許されて。

坂井　だからダウンタウンさんとも関係性があれば、『M-1』とかで爪跡を残せればイジれるような免罪符を取れると思うんですけどね。まだそこに至ってないのが僕らの現状で。実名出してるネット民と一緒ですから。

吉田　あと気になったのが、いまは基本的に下から攻めるスタイルじゃないですか。ある程度仕事が増えて立場が上になってくると、やりづらくなる部分があるのかなと思って。

坂井　……正直めちゃめちゃありますね。

金ちゃん　あと無駄に俺らが金稼いだりしちゃうと言いづらくなっちゃうというか、見方が変わるじゃないですか。とりあえずいま聞かれたら月収10万で統一してるんですよ。

吉田　稼いでも稼いでなくても。

坂井　でも、リアルにマジで俺ら吉本からいい仕事はまったくもらってないですね。俺らより知名度ないヤツのほうが稼いでますよ。

金ちゃん　僕らみたいな立ち位置で上の人に噛みつくのがおもしろいんで、僕ら自体の地位が上がってきちゃうとやりづらくなるし。

吉田　パワハラ感が出ちゃいますからね。

金ちゃん　そう、あんなもんパワハラじゃないですか。偉いヤツが偉いこと言ってもしゃあないんで、そこは気をつけたいですよね。

坂井　有吉さんが天才的にそこシフトチェンジしましたもんね。最初は破滅型の毒舌だったじゃないですか。でも有吉さんはいまの地位を得たら、絶妙なタイミングで敬語で失礼なことを言うとか、そういう感じになって。

吉田　踏み込んだことはラジオで言って。

坂井　で、若手芸人には基本優しいですから。自分がやられて嫌だったことはやらないんで、あの人が現代のトップ取ってると思いますけどね、そこがいいバランスというか。

金ちゃん　言ったあとしっかり笑うしな。あとは坂上忍さんも、俳優としてダメになってから別の世界でトップを取ったみたいな。

坂井　ダメになってねえよ！

金ちゃん　え、ダメになったんじゃないの？　ギャンブルぐらいしか仕事はなくなってましたけどね。

吉田　ダハハハハ！　まあ、

金ちゃん　だからちょっと怖いのは、みんな1回地獄を見て、周りの人がそういう目で見てからの毒舌じゃないですか。あと神田伯山さんでしたっけ、松之丞。あの人も帰る場所がちゃんとあるじゃないですか。そこでの毒舌なんで、ウチはそこが怖いなと思ってて。

坂井　松之丞さん、技術半端ないから。

金ちゃん　そう、芸がすごいから。アーティストと一緒で、ゲスの極み乙女。もそうじゃん。不倫しても自分のちゃんとした技術とかファンがいるからあそこにいられるけど。

坂井　俺らは技術や帰る場所がないのに毒舌やってるって部分で爆笑問題に似てますよ。

吉田　ダハハハハ！　ですね（笑）。

坂井　ただ、漫才はすごいおもしろいのかと思ってたら、「タイタンライブ」で初めて爆笑問題の漫才を生で観たんですよ、マジで俺らのほうがウケてましたからね。マジで！　だからあれ、弱めの鬼越トマホークですよ！

金ちゃん　爆笑問題はパックンマックンよりちょっとウケてたぐらいだもんな（笑）。

吉田　ホームなのに（笑）。

坂井　太田さんってすごい気にしいなんで、緊張してるのもわかるんですよ。田中さんはどうでもいいんで、早く終わって帰って競馬新聞を読みたいとかそういう感じなんですよ。やっぱり田中さんが一番ヤバいですね。

金ちゃん　心がないんですよ。

坂井　太田さんは漫才愛がありますね。

金ちゃん　田中さんは任務を遂行するだけ。

吉田　猫と競馬以外興味ないですからね。

金ちゃん　でも、結果的にたまたま爆笑問題と絡んだことによって僕らの道筋があるような気がします。だから、あの人たちが僕ら一番似てますね。

吉田　ですね。

坂井　太田さんが夢を与えてくれたのは、あの人たちはお笑い芸人ではトップレベルで稼いでるじゃないですか。でも稼いでる感を出さずにずっと自分の好きな毒舌やってるし。

吉田　実際、太田さんにはお金回ってないはずですからね、いまでも小遣い制なんで。

坂井　カシューナッツしか食わせてもらってないって言ってましたからね。最近カシューナッツも禁止されてきて、もうなんにもないって言ってました。金遣うとこもないって。

吉田　寄り道もしちゃいけないし。

坂井　結局あの人、仕事で人の悪口を言うしか楽しみがないんですよ。

吉田　収録が楽しいから家に帰りたくなくて、どんどん収録を引っ張るんですよね。

坂井　だからつまんないんですよ、マジで。気迫がないから。この時間に終わらせて帰ろうっていう気迫がないからダラダラして、楽屋挨拶に行ってもモデルガンでいきなり撃ち始めたり、ぜんぜんおもしろくない。すべては奥さんへのストレスのせいなんですよ！

吉田　なるほど！

坂井　でも、爆笑問題を大きくしたのは半分以上は太田光代なんじゃないですかね。われわれも太田光代的な人を見つけたいですね。

池畑慎之介の巻

DENCHI-IKA

PROFILE

池畑慎之介／ピーター

1952年大阪府生まれ。1969年、映画『薔薇の葬列』でデビュー。同年「夜と朝のあいだに」で歌手デビュー。日本レコード大賞最優秀新人賞、ゴールデンアロー新人賞を受賞。以後、歌手、俳優、タレントとして活躍。2019年からは一時芸能活動を休業していたが、2020年４月に復帰した。『5時に夢中！』（東京MX）等に出演中。

掟　（私物のレコードを机に並べて）池畑さんがやってらっしゃるお仕事はだいたい好きなんですけど、特に歌が好きでして。

池畑　え、ホントですか⁉　素人の歌が？　素人がこんなレコードなんか出しちゃいけないよね。自分が1枚も持ってないんですよ。

吉田　レコードは全部、断捨離しちゃったんですか？

池畑　あんまり自分に興味がなくて。賞とかもらったものとかも飾るタイプの人じゃないんで、終わったことは興味ないんですよ。こういう過去のものを飾るのが嫌なの。

掟　自分の歌を聴いたりもしないんですね。

池畑　しないですね。だからこんなジャケットが……あとでジャケットだけ撮っていい？

掟　どうぞどうぞ！

池畑　インスタに上げようかな。もともと芸能界に入りたいと思ってたわけではないし、東京に出てきて話があって、やったことないから映画をやったし、映画で初めてお化粧してもらったらきれいになるんだと思って、そしたら話題になって「歌もやりませんか？」ってやったらヒットして、あれよあれよで52年きちゃったわけ。だから、デビュー時にレコード会社とかウチのプロダクションは宣伝費を使ってないの。

吉田　いきなり話題になっちゃったから。

池畑　そうそう、ふつうは売り出すのにキャンペーンやったりするでしょ。だって『レコード大賞』の最優秀新人賞を獲った年の10月1日ですからね、デビュー曲「夜と朝のあいだに」の発売日。いまなら考えられない。

吉田　それが年末には『レコ大』！

池畑　『紅白歌合戦』はダメだったんだけど『レコード大賞』は間に合ったんでしょうね。急にかっさらった感があったみたいで、うしろでクール・ファイブさんがジロッと見てましたね。前を見て歌ってたけど、うしろにクール・ファイブさんとはしだのりひこさんとシューベルツさんとかがこんな目で見てたんですよ。

吉田　地道に頑張ってきた人たちが。

池畑　そうそう、「なんでこいつが獲るんだよ」みたいな。当時は勝手に売れちゃったから、年間シングル4枚っていうローテーションがあったんですよ。曲の善し悪しもわからない年齢だし、大人に言われるままにレコーディングさせられて、夜中の2時くらいから、声は出ないし眠たいしで（笑）。そこしか時間がないんですよね、テレビとかやってると。カラオケだけ勝手に録られちゃって、キーが低いなと思ってもそのままやらされたり、大人のいいなりの時代でしたね。

吉田 まず、最初の主演映画『薔薇の葬列』がいまは伝説の作品になっているわけじゃないですか。

池畑 『薔薇の葬列』って、もう誰も生きてないから。お父さん役の土屋嘉男さんも亡くなったし、東恵美子さんも小松方正さんも松本俊夫先生もいないぐらいだから。生き証人がひとりしかいないんですよ。ちょうどアート・シアター・ギルドがおもしろい時代でね。

吉田 ボクらは後追いで、昔のカッコいいアングラなものとして観た感じなんですよ。

池畑 そういう感じでしょうね。学生のゲバが通ってたりしたじゃん、あれ全部本物だからね。そこを私スーッと歩いてるでしょ、けっこう危ないことしたんだなと思って。あのロケほとんど隠しカメラでやってますから。

吉田 新宿駅前とか。

池畑 どっかのデパートの上から撮って、下でヒッピーがバルーンで遊んでたり、あんなの全部警察が来るまでやってたの。実験映画の松本俊夫監督が初めて劇作を撮るっていうんで、おもしろかったですね。フィルムのあの砂目の粗い映像とかハイスピードとかね、シャワーのシーンとかね、いま観てもミュージックビデオになりそうな映像で、おもしろい。

吉田 ボク、池畑さんの最初の写真集も持ってるんですけど。

池畑 えーっ、最初のやつ？　あれは個人のファンの人が作ってくれたの。お金を出して、そのために自分で出版社を作ったの。

吉田 出版社もですか‼　あまりにも好きすぎて。

池畑 好きすぎて。あれも高かったんじゃないかな、限定1000部とか。女の人が、そのために自分で出版社を作りましたって。

掟 女学生に人気があったんですよね。

池畑 宝塚みたいなことか、劇画のなかのボーイズラブ的な感じでみんなキャーッて言ったのか。でも、みんな私のなかの男の部分が好きだって言ってました。だから『てなもんや一本槍』で森蘭丸をやったり、そういうきれいな男の人っていうイメージでしたよね。

掟 スカートは履いてないってことですね。

池畑　そうそう、スカートが嫌いで。ピーターはピーターパンのイメージで、男でもない女でもない浮遊物みたいなのがいいのかなって私は思ってたんだけど、雑誌とかでは勝手に「女装」って最初から書かれちゃうから。

吉田　化粧イコール女装、みたいな。

池畑　そうそう。その言葉は嫌いだなって思ってました。いまはどうだっていいけど。

吉田　いつも美輪明宏さんと一緒に語られることへのモヤモヤがあったみたいですよね。

池畑　お化粧してるだけでひと括りにするって、とても単純でバカな作業じゃないですか。個人のことはなかなか語ってくれなくて。日本人ってカテゴリごとに分けたがるというか、分けないと頭悪いからわかんなくなっちゃうんだろうけど。でも、ひとりひとりをちゃんと覚えてくれたらそんなカテゴリなんかいらないのにね。お化粧してることで固めるんだったら歌舞伎の人も入れたらどうなんですかって話になっちゃうじゃない？

吉田　いまはかなり理解のある時代にはなってきましたけど。

池畑　時代になったのか、いろんな情報がありすぎて一般人が慣れちゃった、強烈なものじゃなくなっちゃってるから。これが当時は夕方6時とかの歌番組に出てきて、「♪夜と」ってこんな低い声で、でも顔はきれいなショートカットで、「テレビが壊れた！」「これ声おかしくない？」って叩いた人がいるぐらいだから。みんな女の子だと思って家で観てるからさ、「お父さん、これ声おかしいよ」って（笑）。まだそういう時代でしたからね。

吉田　そんな時代だったから取材とかも失礼だったと思うんですよ。

池畑　そう、女言葉で書かれるのはすごくブチ切れてましたね。こうやって「ブチ切れるんだわ」になってるの。「あらいやだわ」ってなるわけ。そんなこと言ってねえし、ちゃんと起こしてよって思うんだけど。それが嫌で一時はインタビュー嫌いになった。

吉田　野末陳平さんに噛みついたのも、そういう対談か何かだったんですか？

池畑　それは、まだ歌やる前ですね。なんか嫌な言い方されたから、「てめえに関係あんのかよ！」って言ったんですよね。「怖いなあ」とか言うから、「なんでだよ！」ってすごい乱暴になったことある。『週刊大衆』とかそういうヤツに野末陳平さんの対談のコーナーがあって、意地悪なことしか聞かないのよ。女性にはオッパイのことを聞いたり、野末さんって当時はそういう人だったでしょ。

吉田　エロキャラでしたね。デビュー当時、忙しすぎて記憶があまりないみたいなことを言われてましたね。

池畑　ただ、たいした仕事してないんじゃない？　数はやってるんだけど、サイン会だとかラジオの生放送にパパッと飛び込みで出たり、歌番組は週に何十本もありましたから。

吉田　当時は、あまりプロの仕事をしている実感が得られない状態だったわけですかね。

池畑　だから自分はあとから苦労したんですね。先に話題性で歌を出したら売れちゃったもんだから、慌てて仕事としてやらなきゃいけなくなって（笑）。大人のアイドルとして売りたかったはずが、ちょうどグループサウンズのブームが終わりかけで若いファンがついちゃったから、ちょっと変なキャーッて言われるアイドルになっちゃったんで。事務所としてはキャバレーとかナイトショーとか、夜11時くらいからのショーをブッキングしてたんだけど、慌てて昼の番組とか、歌も市民会館のピーターショーとか入れて。だから昼間3回ステージやって、夜はキャバレーに出たり。出ちゃいけない年齢だったのにね。

吉田 『不良番長』だのなんだの、映画にも一気に呼ばれるようになるじゃないですか。

池畑 キャバレーのシーンで、そこで歌ってる歌手みたいな役でいっぱい出てるんですよ。浅丘ルリ子さんの映画『華やかな女豹』とかチョコチョコ、歌ゲストで「特別出演・ピーター」って書かれて、義理で出されたみたいな映画がいっぱいありましたよね。勝新さんの『座頭市 あばれ火祭り』も。勝さん、「おまえで1本撮るからな」って言ってたの。現代版『弁天小僧』みたいな、「女の格好してデパートで万引きして捕まって、『盗んでない!』って言ってうまくグループで盗んだ財布を隠すんだけど、そのときにバッとおまえが脱ぐんだよ、そしたらオッパイなくて、男っていうことをそこで見せたらおもしろいだろ?」って言っててさ、企画倒れで終わって亡くなっちゃったんだけど(笑)。

吉田 『不良番長』は出演者が共演女優をみんな口説くとかアピールしている映画でしたよね。

池畑 ああ、ぜんぜんそういうお話もなかったですよ。ロケでは梅宮さんと一緒の部屋でしたけど、何も起こりませんでした。

吉田 梅宮さんのああいう武勇伝は、宣伝用のネタだっていう話もありますからね。梅宮さんが『不良番長』でカルーセル麻紀さんにもいった、みたいなことも当時は報道され。

池畑 ハハハハハハ! ホント?

吉田 真偽はともかく、そういうことも全部宣伝に使おうとしてたっぽいんですよね。

池畑 まあ、そういう映画だしね。楽しい時代でしたよ。テレビがガーッと台頭してきた頃だから両方おもしろかったね、映画も負けじと頑張ってたし。昭和の泥くさい時代で。最初に出たバラエティがフジテレビの『祭りだ!ワッショイ!』っていう番組で、前田武彦、北島三郎、ピーターの3人ですよ。そこで私がステテコ履いたり、バラエティだからいろんなことやって。「ピーター・ア・ゴー・ゴー」ってファンの子を集めて私がゴーゴーを踊るコーナーとかあって、それが半年で終わったのかな。その第二弾で『新・祭りだ！ワッショイ！』になって、てんぷくトリオさんと川崎敬三と私だったの。今度は伊東四朗さんと漫才やったりしてバラエティをやらされましたね。

吉田　いきなりお笑いの大物に揉まれて。

池畑　でも『てなもんや一本槍』と『てなもんや二刀流』に出たから、花紀京さんとか仲良くしてくれて、その頃からキー坊と仲良しなの。「キー坊！」って言うと吉本の人が驚くけど、私たちはキー坊、ピーの仲だから。

吉田　西川きよしさんと。

池畑　そう、当時21歳と17歳ぐらいだったのかな。美川（憲一）さんにもこの前、「ケン坊」って言ったら、「あんたさ、私ももう70過ぎてるからケン坊はやめない？」って言われて。「あ、すみません。美川さん」って言い直したんだけど、やっぱり言っちゃいますよね、50年前の友達だったらさ。向こうは「ピー」って呼び捨てにするのに。

吉田　しかし不思議ですよね、松本俊夫監督のアングラ映画『薔薇の葬列』でデビューした人が、それぐらいお茶の間に届いたのが。

池畑　最初のレコーディングは『薔薇の葬列』と同時期なんですよ。69年の頭ぐらいから映画と並行していろんなことをやり出して、映画の取材で『平凡パンチ』でヌードやったり、ちょっと食いつき始めたなと思ったから歌の仕事が来たんでしょうけど。レコード会社もCBSソニーができたばっかりで、1年目がフォーリーブスさんで2年目が私で。かなり賭けだったと思う。キワモノはキワモノだから。

掟　当初はなかにし礼さんが作詞をされて。

池畑　そうです。礼さんがシャンソンでそういう世界を書いてらしたし、「夜と朝のあいだに」は、「夜っていうのはラ・ニュイで朝はル・マタンで、女性と男性なんだよ、夜と朝っていうのは女と男のあいだにっていう意味があるんだよ」ってあとから聞いたの。

掟　なかにし礼さんが東京スポーツでコラムを連載されてたことがあって、そこで池畑さんの話に触れて、なかにしさん「おまえの顔が好きなんだ」って書いてました。

池畑　だって奥さん私とソックリじゃん。

掟　そういう話でした（笑）。

池畑　石田ゆりさんでしょ？　目が離れてて。

掟　「目が離れてる顔が好きなんだ」って。

池畑　じゃあ研ナオコさんでもよかったのかっていうね（笑）。ゆりちゃんと結婚するとき、「先生、ピーターのこと好きだよ。おまえが男だから結婚しないだけで顔はタイプだよ」って。そういえばゆりちゃん私に似てるって、ソックリな写真を撮ったことがある。石田ゆりちゃんと私、坂本スミ子さんと私、九重佑三子さんと私、ショートカットのソックリさんっていうことで雑誌でやったことある。

吉田　音楽の方向性もすごいですよね。

池畑　ソニーのディレクターも何をやらせていいかわからなかったんじゃない？　「夜と朝のあいだに」は村井邦彦さんの、いま考えてもあんなに難しい歌をよく16歳に歌わせたなと思うんだけど。「夜朝」やって「愛の美学」やって、だんだん難しくなってきて、「愛するゆえに懺悔して」でピークになって、その次は「お兄さん」でガーンと売上を落としちゃったんですよね。なんて曲を歌わすんだと思ったんだけど。これ、私が相手に対して「お兄さん」って迫るような意味じゃなくて、ファンの子がピーターのことをお兄さんって呼んでいいでしょうかって、みんなに歌わせるための歌だったってあとで聞いたんだけど。私はぜんぜんそういう意味に取れなかったし。5周年にはやることがなくなっちゃって、私が会議で「洋服に電気つけたら？」って言ったのが「人間狩り」。

掟　そうなんですか⁉　あれ最高ですよね！

池畑　ジュリーさんより先に洋服に電気つけて歌ってたら、感電してやめたっていう（笑）。

掟　え！　ホントに感電したんですか⁉

池畑　そう、だってACつなげてるから。マントに300個ぐらい電球がついてて、パッと脱ぐとスパンコールの衣装になってるんだけど、前半でチカチカってバーンと脱ぐっていうのを何回もやってるうちに、裏地と表地のあいだの配線がどっか破けてたんでしょうね。周りは真っ暗で顔だけしかピンスポット当たってないのね。で、バーンと脱いでダンスがあるんだけど、あるステージで衣装に足が入ったときにガーンと衝撃がきて、ストッキングが黒く焦げて破けて。それから「もうこんな衣装は着たくない！」って（笑）。

掟　よく無事でしたね……。

池畑　ホントよく無事だったとは思った。どっかのゴムが遮断したのかわからないけど、ズンとは来ましたね、マイクも持ってるし。

吉田　しかも電源はACだったんですね。

池畑　電池じゃ動かないんですよ、300個もついてるから。LEDがない頃だから。

吉田　それ、ふつうに死にますよ！

池畑　死にます。もともとドレスを作ったところがちゃんとしたオートクチュールで、弘田三枝子さんとか伊東ゆかりさんとかのホントにきれいなドレス作ってるところに頼んだもんだから、そこの請求書に「電気工事代」って入ってて。オートクチュールの先生が「私、長年オートクチュールのデザイナーやってるけど、請求書に電気工事代って書いたの初めてよ」って言ってました（笑）。

吉田　衣装の会議にも参加してたんですね。

池畑　私、自分のことを俯瞰で見るのが好きなんで、「ピーターさんこれからどうしましょう」みたいな会議はけっこう出るの好きでした。最初から「これは私には向かないと思います」とか言ってましたけど、それが通るときと通らないがあって、5年目ぐらいになるともう「じゃあ辞めます」とか脅かしながらやって

たんで。5年目になってもうやることないねっていうことで、「じゃあ衣装に電気つけたら？」「それいいですね！」ってソニーのバカが言ったのは覚えてます。

掟 また人のアイディアに乗りやがってと思って（笑）。数ヶ月前に『5時に夢中！』でビジュアル系バンドが「夜と朝のあいだに」をカヴァーしたっていう話題が出たときに池畑さんがあまり興味なさそうだったんですよね。

池畑 それは私の作品でもあるけど、「あ、そうなんだ」って思うだけでその歌を聴いてみたいとも思わなくて。「人間狩り」なんかはやってるロックバンドいっぱいいますよ。

掟 「人間狩り」は最高にカッコいいですからね。あと自分は「悪の華」が大好きなんですよ。

池畑 あれは「山本リンダみたいな調子でやれ」って言われたのね。リンダが出てきた「どうにもとまらない」の頃で、「発音をもっとハッキリしろ、1文字1文字流さないで歌え」って言われて歌ったことを覚えてる。

掟 かと思うと、「私の場合」では急に。

池畑 ド演歌！ 急にそこ行く？ って感じなのよね、ディレクターの悩みがわかりますよ（笑）。だからビジュアルもジャケットもみんな悩んでるよね。その時代、スタイリストっていう職業がなかったんですよ。だから全部自分で選んでるのよ、洋服とかって。

掟 「殺したいほど好き」のジャケットとか、めちゃめちゃカッコいいですよね！

池畑 これとか「人間狩り」の衣装とか、電気つけた先生のところで作ってたの。後半は全部そのオートクチュールの先生ですね。最初は電気つけたから、その次はなんだってなって、「もう裸しかないんじゃない？」って、だから裸で乳だけ手で隠したデザインで。45年以上前によくこんなことやってたよね。あと、「七年目の浮気」では山口はるみさんっていう外国人しか描かないイラストレーターがいらっしゃるんだけど、その人に頼み込んで日本人を初めて描いてもらったの。

掟 エアブラシの人ですよね。

池畑 そう、パルコの広告すごいきれいだったじゃないですか。この「七年目の浮気」のときに、「ぜひこれをポスターにしたいから」って直接頼みに行ったの。それでABCホールで自主コンサートをやったんですね。

吉田　そして自分でポスターを貼って。
池畑　そう、自分でポスター貼って渋谷で捕まって(笑)。これで私、会社を辞めているんですよ。ニューヨークに行っちゃって。
吉田　もう芸能界を辞めるつもりで。
池畑　そうそうそう。
吉田　当時の池畑さんが世界的に見ても早かったのは間違いないと思いますよ。
池畑　そうですか？　ボーイ・ジョージなんかもっとあとだもんね。私は68年だから。そのときにちゃんと英語のプロフィールも作って世界に出せばよかったんだよね。『乱』のときにも言われたんだもん、スピルバーグに。「なんでこっちに来ないの？」って。
掟　行けばまた違った人生がありましたね。
池畑　そう。違った人生だったか苦労したかわからないけど、少なくとも日本の１００倍お金持ちになるだろうなって思いました。
吉田　7年目にニューヨークに行って、向こうで腰を落ち着けてもどうなっていたのか。
池畑　あの時代のニューヨークは怖かったからね、いまみたいに観光の街じゃなかったし。地下鉄は絶対にひとりで乗せてくれなかった。地下鉄でさらわれた人がいっぱいいたり。ニューヨークの友達が、「ひとりではダメよ、一緒に乗るならいいけど」って。
吉田　当時は70年代半ばですからね。
池畑　77〜78年。写真撮るのも、まだ危ない頃でしたね。向こうのカメラマンに撮ってもらったんだけど、怖いとこ行ってワゴン車みたいなので待ってて、カシャカシャカシャッて撮って「はい乗って！」って。そのあとロスとかで素人マフィアみたいなのが横断歩道に固まってる人を車から撃っていったりっていう事件があったんで、そういうこともありえるから「ニューヨークという街は何が起こるかわからないから」って言われました。
吉田　いまは海外で『薔薇の葬列』が人気で、違法グッズとかが売ってるんですよね。
池畑　去年も、「あんたパリに来るんだったら早めにコンタクト取って舞台挨拶とかすればよかったじゃん」って言われたの。そのときニューヨークとパリと両方の新聞に載ってましたね。ぜんぜん興味ないから知らなかった。
吉田　そして帰国後、池畑慎之介名義になって、素顔でも仕事をするようになっていくんですね。
池畑　そうそう、『薔薇の葬列』のままピーターで売れちゃったからメイク取れなくなって、『乱』で初めて素顔を見せて。そこから素顔でも仕事できるんだなと思って、大河ドラマとか『下町ロケット』とか、そういう仕事につながっていくんですよね。自分のなかで役者のカテゴリのほうが分量が増えてきて。それから小沢昭一さんとか野田秀樹さんとか、いろいろ舞台やっててね。ウチの父なんか喜んだんだけど、新派に客演で入って、そのまま新派にいてくれないかって言われて、お断りしたんですが、新派で何年間かお世話になって。
吉田　お父さんは日本舞踊の家元でしたね。
池畑　父親も若い頃は新派にもらわれるはずだったんですけど、新派に行ってたら女形の息子になってたわけ。変な感じですよ、家出しなかったらこんなことになってないし。そのままラ・サールも辞めずに大学も出て、変な銀行員になってたかもしれないし（笑）。
掟　絶対なりませんよね（笑）。
池畑　ならない（笑）。そもそも鹿児島が嫌だったんだと思う、田舎くさくて。『平凡パンチ』とかいろんなの見てると、早く東京に行ってこういうものに触れたくて、あの時代ですから横尾忠則さんとか宇野亜喜良さんとか。
吉田　新宿で何かが起きていた時代。
池畑　そうそうそう！　東京では何か楽しいことがあるんじゃないかっていう。
吉田　実際行ってみてどうだったんですか？
池畑　そうでもなかったけどね（笑）。東京に来て原宿あたりをウロチョロして、ワクワクはしましたよ。15歳の秋に出てきて父親に見つかるまで1ヶ月間は原宿のゴーゴーバーで踊ってて。未知の世界のドキドキ感はありましたよね。生まれて初めて自分でお金を稼いだわけよね。日給1000円だからね、12時間ぐらい働いて1000円もらって。
吉田　シャープ・ホークスとかの横で踊ってたっていうのは、そのあとなんですか？
池畑　ズー・ニー・ヴーとシャープ・ホークスの横で踊ってたのは銀座のキラーズっていう、ゴーゴークラブなんだけどバンドが入ってるところがあって。亡くなった彼が「おう慎坊、元気かおまえ？」っていつも言って。

掟　安岡力也さんが。

池畑　そう、「私のことを慎坊って言うのはあんたと谷村新司ぐらいだよ」って。

吉田　谷村さんとはもっと古い付き合いで。

池畑　あの人が大学生でロック・キャンディーズやってた頃にウチの父親のお弟子さんに谷村新司さんのお姉ちゃんがいて。その関係で堺の浜寺でロック・キャンディーズが一生懸命練習してて。私が桃山学院高校に入学したときに、まだ桃山学院大学にいた谷村新司さんが車に乗っけて入学式に連れてったという。

吉田　その頃、ふたりでお風呂に入ったこともあるって谷村さんが言ってましたけど。

池畑　え！　お風呂に入ったとか言ってた？

吉田　『おしゃべりな夜』で言ってました。

池畑　マジで？　こんなのが本になってるの？　マジ知らないんだけど。中学ぐらいの話でしょ。（本を読み）「ピーターさんの裸は全部知ってます、いい体してますわ、けっこう地黒です」だって、おまえもやないか！

掟　『ダウンタウンDX』を観てたら、中条きよしさんも池畑さんと一緒にお風呂に入ったことあるって言ってましたよね。

池畑　そうそう、中条さんがいまの奥さんと結婚してすぐの頃に中条さんの舞台のゲストに出たの。舞台稽古を12月31日までやって、1日2日と休んで3日が初日で、じゃあみんなで温泉に行こうって連れてってくれたの、蒲郡の温泉。そこでみんなで大風呂に入った。

掟　スタジオのなかがみんな、池畑さんはどういう体だったか興味津々でしたね。

池畑　「どないなってんねん？」って？

吉田　「男風呂なんだ！」みたいな驚きで。

池畑　そうなんですよ、それ言われるのが面倒くさいから嫌なの。だからゴルフ場に行ってもシャワーして帰ってきちゃうの。「こっち来るんだ！」とか、そういう言い方よくないよね。女のほうに行ってもキャーッて言われるしね、どうすればいいんだ（笑）。……そういえば今日の取材はなんなの？

吉田　ゲーム雑誌の『CONTINUE』です。

掟　ゲームの雑誌なんですけど、ここだけゲームとぜんぜん関係ないコーナーになってます。

池畑　私、けっこうゲームの声やってて。『ドラッグオンドラグーン』の声は私です。青年と怪獣の声。『龍が如く』もやったね。
吉田　あと『ニーア・レプリカント』も。
池畑　それ何？　ごめんなさい、ぜんぜん覚えてない（笑）。アニメの声やっても、ぜんぜん漫画に興味ないから、やるたんびにいろんな取材やるんだけど、話がつまんないの。マニアックなことぜんぜん知らないんです。
掟　そんなページじゃないので大丈夫です！
池畑　ゲーム雑誌でどんだけ取材を受けても、「ゲームやったことないんです……」「えっ、それで声やるんですか？」「俳優として受けただけで私はゲーマーではないですから」「そうなんですか……」みたいな。とにかく私、過ぎたことは覚えてないのね。
吉田　そういうタイプだから、初期をこんなに振り返ってもらう取材は貴重だと思います。
池畑　そんなこと覚えてたら私の脳は爆発しちゃうから。いかに若くいられるかっていったら、余計なものを捨てていけるかってことなの。あんまり必要ないことは覚えてなくていいんじゃない？　ただ、誰かがこうやって並べてくれて、「あ、こんなことやってたんだ」っていうのは好き。自分はこういうことをしないから、誰かがたまにこうやって見せてもらえるのはすごくありがたいですね。
吉田　事務所も相当替わってきましたよね。
池畑　育ててもらったのは最初のところだと思うけど、それも事務所にとっては宝物だったと思うんですよ。だって宣伝費かけないで売れちゃって。橋幸夫事務所ですけど。そこを辞めて芸能界って嫌だなと思ってニューヨークに行って、そのあとはエージェントっていう考えなの。嫌だったらほかのところ探せばいいやって。育ててもらった恩義もないし、仕事を取ってくれたらパーセンテージ渡しますよっていうことでお互いいいんじゃない？と思って。
吉田　7年目に芸能界を辞めようとしたわけですけど、そういう思いはなくなりました？
池畑　いまなんて辞めてるような状態じゃない？　2020年3月まで1年3ヶ月休んで、再始動と思ったらコロナでやりたい舞台も企画も全部飛んじゃいましたし、動きが取れなくなっちゃって。テレビ局自体が金ないから企画がどんどんつまんなくなっちゃうし、縮小縮小でしょ。楽しいことは金かけなきゃと思うんだけど、とにかく「予算が予算が」で。

吉田　お金がちゃんと動く時代を知ってる人からすると、物足りなく感じるでしょうね。
池畑　そうなの。莫大な動きをしたこともあったわけだしね。7年目で辞めたとき、橋幸夫事務所がガサッと会計のヤツを持ってきたんですよ。あの年代で年間何億か売り上げてるってさ、いまでいったら10億円以上でしょ。私、何年間かずっと給料10万ですよ。
掟　え！　固定給で？
池畑　そういうもんだと思ってて、知らなかったから。「新人だし」ってマネージャーに言われて、「はいそうですね」って。ただ、ちあきなおみさんとかいろんな人と「いくらもらってんの？」って話になるじゃないですか。あの頃は携帯なんかないから電話もできないし、歌番組の音合わせしてるときに、「どれくらいもらってんの？」みたいに言われて。あの頃はマネージャーがうるさいじゃない？　そういう話をされるのを嫌がるから。それで藤圭子さんに聞いたら、「そんなにもらってんの⁉」って。あの人たちは営業したらそのぶんちゃんと歩合で取ってて、親がしっかり出てきてるから。「は？」と思って。ウチの家って逆にお金の心配をさせなかったけど、お金の大事さも覚えさせてくれなかったから、「10万だよ」って言われたらそういうもんだと思っちゃって。でも、周りに聞き始めたらこれはダメだと思って。それで、ゴソッともらったの。コマーシャルもあんなにやってきてどんだけ会社を……だって会社がビルを買い取ったんだから。フロアで借りてたのに、そのビルごと買ったんだって。
掟　ピータービルみたいになっちゃって。
池畑　なんか怪しいなって気付いて、マンションを大きくしたり高い衣装にしたんです。
吉田　少しでも経費を遣うようになって。
池畑　そう、コシノジュンコさんの衣装だったのを、もっと高いオートクチュールにしていったわけ。だから50万円のマンションに住んで、1着80万ぐらいのドレスを今月は2着作ってやるとかさ。そしたら何百万になるなっていう気持ちになるじゃないですか。そういうやり方でしか抵抗できなかった。
掟　とりあえず経費は出るんですね。
池畑　出てたんです。だけど一時、健康保険か何かも払ってくれてなくて、未納でバーンと3年ぶんぐらい払わされたこともあった。
吉田　当時の芸能界は恐ろしいですね……。

美川憲一の巻

DENCHI-IKA

PROFILE

美川憲一

1946年5月15日生まれ、長野県出身。1965年「だけどだけどだけど」で歌手デビュー。1966年「柳ヶ瀬ブルース」が120万枚のセールスを記録する大ヒット。1968年「釧路の夜」で『第19回NHK紅白歌合戦』に初出場を果たした。1977年大麻取締法違反で逮捕。1984年に二度目の逮捕となり、その後、メディアでの出演が減少。1989年『オールスター爆笑ものまね紅白歌合戦!!』でコロッケと「ご本人登場」での初共演がきっかけとなり再ブレイク。1991年には『第42回NHK紅白歌合戦』に17年ぶりの再出場を果たした。以降19回連続出場。再ブレイク後はセレブキャラが定着。「もっと端っこ歩きなさいよ」「おだまり」などのセリフが流行語となった。現在も精力的に活動中。

美川　あら、私の本がこんなに！

吉田　全部買ってますよ！　ついでに宗教家の深見東州扮する美川憲二さんの本も（笑）。本を読んで衝撃を受けたのが、自分のショーにジャニー喜多川さんが来て、「ジャニーズ事務所に入らないか？」と誘われていたって話でした。

美川　はい。私がデビューして昭和39年後半から40年代にかけて、まだジャニーズ事務所ができたての頃ですね。池袋でジャニーズ予備軍がみんなレッスンしてて、私もちょっと出入りしてたもんですから、その関係でジャニーさんに「ユー、絶対売れるから来ない？」って言われて。でも、その頃は大映のニューフェイスで映画の道に行こうと思ってたんで、そんな簡単にスターになれないって思ってて。それに背負ってるものがあったからね。

吉田　家族を背負ってたんですよね。

美川　産みの母と育ての母と、ふたりの母がいたもんですからね。子どもの頃から母の苦労を見てたんで独立心を持って、芸能界なんて逆にお金のために入った感じなんですよ。

吉田　一攫千金できるのは芸能界だ、と。

美川　そう、それしかないなって。母が映画の世界にスカウトされたこともあって女優になりたい人だったので、映画やるって言ったらすごく喜んでくれて。でも、そこで歌のスカウトが来たんですよ。なんとなくそういう勘みたいなもので生きてきたんで、分かれ道でどっちかなと思ったときに歌のほうがお金になるかな、一発当てたら大きいなと思って。

掟　もともと歌手になるつもりもなかったんですね。

美川　歌は嫌いではなかったんですけど、周りに歌のうまい人がいたのでオーディションに私はついて行ってあげたりしてたんですよ。そしたら最初のプロダクションの方がバンド関係と知り合いで、「歌手にならない？　たぶん売れると思う」って言われたんです。

吉田　そのときはちょうど大映も先行きどうなるかわからない状況だったみたいだし、これは歌手しかないなっていう感じになったんですか？

美川　はい。その前にも17歳のときに銀座のＡＣＢで松竹の弘田三枝子さんの映画の相手役募集があったんですよ。そこで優勝した人は映画に出られるんだけど準優勝で、木倉音楽事務所という雪村いづみさんがいた老舗のプロダクションの社長さんが「ウチに入らないか？」って。それも断ったんですよ。だから珍しいタイプですよね、ふつうだったら喜んで飛び込んで、これで芸能界やっていけるなって思うんだけど、難しいかと思って。

掟　やっぱりルックスがいいからスカウトしてくるわけですね。江ノ島の本島に写真館があって、店主の趣味だと思うんですけど、美少年写真館なんですよ。そこに美川さんと若い頃の沖雅也さんの写真が並んで貼られて。

美川　あらっ！　銀座を歩いてるとよくスカウトされましたからね。だけど、あんまりそういうのには飛びつくタイプではなかったんですよ。やっぱり一攫千金が待ってますから。女だったら芸者になってるかもね、ウチの母が連れてって「お願いします」って（笑）。

吉田　そうなっててもおかしくなかった。

美川　うん。新橋から子どもが歩いても10分ぐらいの南佐久間町っていうところに2歳から住んでたんですよ。都会のど真ん中で持ち家だったんですけど、義理の父が亡くなって人の保証人になって借金を抱えて、養母が働いて。実の母は仲居さんやりながら働いてて。育ての母も、私が小学校低学年のときに義理の父が亡くなって、それから私のために再婚はしませんでしたからね。実母も男運が悪くて、そういうのをずっとそばで見てるので、だからわりと人の観察するのが好きだったのよね。この人、いい人なのかなとかね。

吉田　じゃあ、芸能界でいい人悪い人を見分けるのもできたりするんじゃないですか？

美川　勘でわかりますよ。ハッキリ言って勘で生きてきたようなもんなのよね。でもその勘が自分のなかではちょっと怖いときがあるんですよ、当たりすぎちゃって。占い師になれますよって言われたぐらいで。こないだも私、すごく大切なブローチがずっと見つからなくて、どこにあるんだろうって思って寝たら夢で教えてもらったの。お告げがあって「黒のコートのポケットに入ってる」って。

掟　それギャンブルとかには使えますか？

美川　それがね、ギャンブルはダメなのよ。邪念が入るから。ラスベガスは行きました？

吉田・掟　行ったことないです！

美川　ギャンブルじゃなくてショーは？　世界観が変わるから、行ったほうがいいわよ。

掟　はい！　自分は美川さんの芸能活動はもちろん歌がすごく好きで、今日は何枚かレコード持ってきたんですけど。たとえば「スカーレット・ドリーマー」（1979年）とかが。

美川　あれはねえ……。

掟　諸事情で歌詞の「玉三郎のように」を「玉姫さまのように」に変えなきゃいけなくなったり、いろいろあったみたいですよね。

美川　久世光彦さん（この曲では小谷夏名義）が「玉三郎のように」って歌詞を書いたとき、「これ絶対に無理だと思いますよ」って言ったんだけど。そしたら案の定。坂東玉三郎さん、昔は楽屋に出入りしたり親交があったんですけど、ああいう世界ですからね。でも、下町の玉三郎もいるんだから（笑）。

吉田　使用許可が出なかったわけですね。

美川　出なかったんですよ。べつにそういうのはあんまり気にするタイプじゃないんだけど、久世さんはすごい頭にきてましたね、せっかくいい歌ができたのに断られちゃったっていうことでショボンとして。「いいじゃないですか、『玉三郎のように』を『玉姫さま』って言えばいいんだから」って言ったら、「あ、それ

使わせて！」って（笑）。だけど、あれはあれですごく好きな歌でした。

掟　70年代後半から80年代に差しかかる頃の曲が、すごく美川さんらしいというか。

美川　それを私が望んでたんです。

掟　もともと演歌は嫌だったんですよね。

美川　ポップス系をやりたかったんで、「柳ヶ瀬ブルース」「新潟ブルース」「釧路の夜」は時代の流れで勢いで売れちゃった、みたいな。あの歌がヒットしたからよかったのはあるんだけど、「おんなの朝」「お金をちょうだい」からやっと好きな歌ができた。

吉田　あそこからだったんですか！

掟　「お金をちょうだい」のときは、これを自分に歌わせてくれってもらいに行ったんですよね。

美川　「お金をちょうだい」はいまでもリクエスト多いですよ。「三面記事の女」もね。

掟　大好きです！　しかもこれ自殺未遂というか死にきれなかった女性の歌ですもんね。

美川　私も好きなのよ。これは私らしいといえば私らしいかな。でも、時代がちょっと早すぎちゃったかもね。「柳ヶ瀬」「新潟」「釧路」は自分のなかではそんなに……売れてあとから好きになった感じ。「柳ヶ瀬」なんかは、もう歌いたくなかったですよね。

吉田　当時は抵抗してたらしいですね。

美川　わりとハッキリしてるほうだから、社長に「歌えない！」って言ったら、「バカヤロー！　新人でヒットも出てないくせに歌えないなんて何言ってんだよ偉そうに。もう明日から来なくていい、クビだ！」って言われて。ふてくされて帰ったら母親に怒られて。「大映ニューフェイスで大映の研究所に入らなきゃいけないのに、辞めて歌の世界に行きたいって言って、あんた6ヶ月お金かけてもらったのよ。それで、そんな不義理しちゃダメじゃない。いいから私と一緒に来て」って社長のところに土下座しに行って、「やりますから。よろしくお願いします」って。

掟　だからあの歌い方だったんですよね。

吉田　こぶしとか回すのが嫌だったから。

美川　そうですね。原曲を歌っていた宇佐英雄さんの声がこぶしがよく回る、「柳ヶ瀬ブルース」のこぶし版みたいな、三橋美智也さんばりの歌い方だから絶対歌えないと思って。嫌々ながらスタジオ行くと、クラウンのお偉いさんがミキサーのところで聴いてるわけ。それでやっぱり無理って言ったんだけど、「自分のカラーで歌えばいいから大丈夫」って言われて、スタジオで淡々と歌ったら「若いのに冷めてていいね。これはこのイメージだ」って。だからいまでいう「チョロい」よね、こんなんでOKが出るんだったらもっと早く歌手やりゃよかったたって（笑）。

吉田　しかも、それが売れちゃうわけですからね。

美川　そうですね。「柳ヶ瀬ブルース」はキャバレー全盛の頃で、柳ヶ瀬なんてそういう盛り場でしたから、そこでキャンペーンやって、「新人・クラウンレコード美川憲一」ってタスキかけて1軒1軒挨拶回りして。「お願いします」「お願いします」ってやっていくわけじゃないですか。ミカン箱の上でキャンペーンして、トラメガで「みなさーん！」とか言って。それで歌ったの（笑）。

掟　焼き芋屋ですよ（笑）。

美川　そう。そしたらみなさん並んで買ってくださって。そのあとクラウンでもヒット曲が出た人が応援に来てくださったら、お客さんが集まりすぎて危ないって中止になったんです。急遽、商工会議所に会場を移してそこで発表会やったら「柳ヶ瀬」から火が点いて。1年ぐらいで大ヒットになりましたけどね。

吉田　当時、北海道公演で主催者に売上を持ち逃げされたこともあったみたいですよね。

美川　そうです、ギャラを持ち逃げして。昔はいわゆるヤクザ関係の元締めみたいなのがあった時代ですから、そこに挨拶に行かないとっていう時代でもありましたね。

吉田　そのとき持ち逃げされたあとの対応もすごくて。

美川　覚えてます。そういうところは私も気っ風がいいというか、お客さんには関係ないんだからってタダでも歌ってね。……あのときバンドさんたちはどうしたんだっけ？

吉田　バックバンドがみんな引き上げちゃったから、地元の楽器屋に行ってピアノを弾ける子を連れて来たって話に衝撃を受けました。

美川　そうだ！　楽器屋さんに電話してもらって、「誰かピアノ弾ける人お願いします」って。そういうことはよくありましたよ。当時は。当時、あんまり興行主の人とか調べないじゃないですか。電話1本でOKしちゃったり、ギャラも当時は取っ払いだから。

吉田　興行の世界にヤバそうな人がゴロゴロしてた時代。

美川　そうですね。その頃は、まだいまみたいに勘は冴えてなかったのよ（笑）。

吉田　当時、その筋のお兄さんとよくケンカしたっていうエピソードもありましたけどホントなんですか？

美川　ケンカしましたねえ（笑）。ヤクザとケンカして土下座させて。新宿3丁目のへんにヤクザの事務所があって、私が通ると女の子たちが降りてきて「オカマ」とか言ったのかな？「何コノヤロー！　カマで商売してねえよ！」って急に男になっちゃって（笑）。それでバッグを振り回してバーンってやろうと思ったんだけど、これ傷害事件になるだろうなと思ったからバッとツバ引っかけたの。

吉田　ちゃんと冷静な判断をして（笑）。

美川　うん。それで当時やってた自分の店に行ったら出てきたの、これ（頬に傷のジェスチャー）が。

吉田　「俺の女に何してくれるんだ」と。

美川　「何がなんだよ！」って。「どうしてくれるんだ？　ツバ引っかけられて」って言うから、「その証拠どこにあんだよ、ツバはどこ？」って言ったら、女が「ここよ！」って言うから、「もうねえじゃねえかよ！」って。そしたらヤクザが「もう行くぞ」って言うから、「ちょっと待ちな！　お前らさっき俺になんて言った？　もう一回言ってみろ！」「……オカマ」「カマ？」って（笑）。

掟　一人称が「俺」になってます（笑）。

美川　「ここ（心）のなかにカマっていう言葉が入ってるんだけど。取ってちょうだい。お取り！」って言ったら、「どうやって取りゃいいんだ」って言うから、「どうすんだよ、ここに入ってるのは。だから簡単にそんなこと言うもんじゃねえよ！」「じゃあ、どうしたらいいですか？」「そこで3人とも正座して土下座してすみませんでしたって言いな」って言って。そしたら土下座するんだけど、「まだ頭が高い！」「すみません……」「今度やったらタダじゃおかねえからな！」って。そしたらそのまま逃げてって、3日ぐらい経ったら上から「美川さーん」とか言って（笑）。それが自分でも一番怖かった。まあ、こんなこといまだったら大問題よね。

吉田　ちゃんと筋は通ってますよ！

美川　そういう無防備なところがあるんですよ、私。横浜でもヤクザと揉め事ありましたよ。テーブルひっくり返されたから、そこにガッと座って「やるんならやりなさいよ！」って。そしたら向こうがビビッちゃって、「バックに誰がついてるんだ？」「バックに誰かいないとあんな細面でフニャッとしてるのがあんな態度するわけない」って（笑）。

吉田　子どもの頃、風邪で学校を休んでテレビ観てたら美川さんと佐良直美さんがテレビに出ていて、ふたりが親友を名乗るぐらいに仲良かったのが印象的でした。

美川　仲良かったですねえ。

吉田　結婚の話も出そうになったとか。

美川　ふたりのあいだで結婚するって話とかじゃなくて、あの人は育ちのいいお嬢さんだからおっとりしてて、私の青山のマンションによく遊びに来てて。カウボーイハットを被ってジーパンで男っぽい格好して来るからどっちが男か女かわかんなくなる（笑）。お母さんたちも私のこと気に入ってくださって。もしそういう気になってたら結婚も……でもお互いには照れちゃってたかもしれない。

吉田　彼女の家に何度も泊まりに行ったけど、結局は何も起こらなかったってことみたいですね。

美川　あら、徹底してリサーチされるのね。

掟　自分は歌でいうと「駅」が一番好きで。

美川　私も好きですよ。

掟　ドラマのエンディングになったりして久しぶりのヒットになるかもという状態だったところに、あの事件があったんですよね。

美川　そう、ホントもったいなかったのよ。でもこれ好きですよ。これ何年でした？

吉田　77年ですね。その時期にレコード会社が「これからは派手なことはやめて地味な路線でいこう」って自粛を提案してきて、それに反発したっていうのもさすがだと思いました。

美川　「襟を正して地味な格好で」って。

吉田　反省をアピールするような感じの。

美川　たしかにそうなんだけど（苦笑）。でも反省は十分してるわけでしょ。お寺が親戚だったからお寺に行ったりして、朝5時に起きて掃除して。自分のなかではもう切り替えてるから、「まあ人生に失敗あるから、ここまで落ちたら最終的には上るしかないから大丈夫よ、運の強い美川なんだから」って友達に言ってたらホントにそうなったんで。

吉田　ちゃんとそこで派手なまま行って成功しましたからね。

美川　地味な路線でって言われたときに「小雨のブルース」でレインコートの地味な格好やったんだけど、やっぱり合わないなって。

掟　今日の指輪も素敵ですね、クモの。

美川　これ私がデザインしたんです。

掟　ご自分で！

美川　はい。オニキスとブラックダイアとイエローサファイアが入ってて。でも、みんな怖がるのよ。私は若い頃からスカルとか好きで、20代の頃からスカル飾ってたの。いまも小さいのからいろんなのがある。そういうの嫌い？

掟　大好きです！

美川　昭和44年に赤坂のマンションに住んでたとき木のスカルを飾ってたのよ。そしたら水の江瀧子さんと宮城千賀子さんが遊びに来て、水の江さんが「あんたドクロなんて縁起が悪いからダメよ！」って言うから、「何言ってんのよ水の江さん。スカルは魔除けなんだからこういうのは置いとくのよ！」って。それからずっとですもん。スカルのセーターとかも今日着てこようと思ったんだけど。

吉田　その時期に変におとなしくなるのは嫌だってことであえて毎晩ディスコで踊り狂ったってことですけど、そのディスコが新宿のツバキハウスって著書に書いてあったことにもビックリしました。

美川　そうです、ツバキハウスですよ。

掟　え！　ロック系のところですよ！

美川　そうよ、だって私どっちかというとロック系なのよ（キッパリ）！

吉田　その時代のツバキはヤバいですよ！

掟　パンクロックの時代ですよ！

美川　そう、ブイブイ言わせてたんだから！　踊りもうまかったのよ。芸能学校のときタップダンスとかモダンダンスとか日舞とか総合的にやるんですけど、踊りのセンスがあるから卒業したら日劇のダンサーにならないかって言われて、ダンサーはお金にならないしと思って（笑）。アメリカのディスコで「ユー・ダンサー？」って言われたぐらいで。

吉田　しかも黒人だらけのディスコで、ですよね。

美川　そう、行ったら全部黒人なの。だから向こうから来るの、みんな「一緒に踊ろう！」って。危なっかしかったのよ私（笑）。

吉田　一部に衝撃を与えると思いますよ、美川さんが毎晩ツバキハウス行って踊ってたのは。

美川　あそこは穴場だった、楽しかった！

掟　当時、ツバキはいろんなパンクやニューウェイブの人たちが出入りしてましたけど、そういう人たちと親交はあったんですか？

美川　あんまり。ジョー山中とは仲良かったですよ。それで一緒にアメリカ行ったりしてて。そういう意味ではどっかで遮断してるのね、受け入れない部分があって、用心深いみたいな。ましてそういうところで知り合うっていうのはね。何人かはいましたけどね。

掟　まあ、夜遊びがもっとヤバい世界の時代だし。

美川　彼は根は優しいんだけど、でも意外と気が小さいのよ。すごい楽しかったです。これまで私も危なっかしいことやって失敗もあったけど、考えたら粘り強いし、ここまで来たら這い上がるしかないから逆に楽だったの。ウチの母たちもわりとあっけらかんとしてたから。「もう一回ちゃんと出てくるから大丈夫よ、あんたはそういう子だから」って。

吉田　不遇だったのは10年ぐらいですか？

美川　そうですね、10年ぐらい。でも、稼いでましたよ、箱で入って営業で1ヶ月行ったら当時で600万ぐらいもらってたから。ただ、たまーにテレビの話が来ても、ポツンと出ても観ない人は観ないから。そういう意味では、やっぱりいまの私のクラスはこの程度なんだなって、しっかり自分を見つめてましたね。だからスナックかなんかの何周年で呼ばれて、「ギャラ出るの？」って聞いたら「150万出る」って言うから、それだったら割り切って行くわよって。そしたら楽屋がないからラブホテルなのよね。入ったら鏡張りで（笑）。「えーっ、こんなとこで着替えるの？　鏡の裏に誰か見るとこがあるんじゃないの？」とか言いながら着替えました。

掟　マジックミラーなんじゃないかって。

美川　そう。そこで支度して、そこから20歩ぐらいのところに店があるから衣装でそのまま行ったら、カウンターと客席がチョコッとあるだけで歌う場所がないのよ。だからドアに鍵閉めて、入り口のちょっとしたスペースで歌って。そのときは……なんかね、こん

なきれいな衣装を着てもこんなとこで……これだけはしっかり覚えておこうと思って。こういう屈辱は二度と味わわないように努力しなきゃ、自分磨きしなきゃダメだわって。こういうとこ来て黄昏れと思われないように、どこに呼ばれてもさすがねって思われないと。こういうときこそお金も遣わなきゃダメだわと思ってアメリカ行ったりヨーロッパ行ったり。そのときのほうがお金を遣ってましたね、ほしいもの全部手に入れて。「老後どうすんの?」って母に言われて、「そんなもん大丈夫よ、美川は運が強いんだから! 心配しないで」って言ってましたけど(笑)。

吉田 結果、それが正解だったというか。

美川 そうですね。土地とかぜんぜん興味ないの。千昌夫がホテル王って言われた頃、千に会うと「土地を買ったほうがいい」って言われて。私は「あんたもっと自分にお金かけなさい。そんな穴の開いた靴なんか履いて」「靴なんてマジックで塗りゃわかんないんだ」とか言って。だから世田谷に家を建てるまでは、柿の木坂に土地があったんですよ。ある方がどうしてもって言うんで譲ってもらって、ずっとほったらかしにしてたんだけど、そこがほしいって人がいて、それを13

カラットのダイアモンドと水戸の土地と取り替えてあげたの。それくらい興味なかったんです。

掟　釣り合ってないですよね。

美川　ぜーんぜん釣り合ってない！　そしたらどんどん東京の土地が値上がりしていったじゃない？　やっぱり私は豪邸に住んじゃダメだっていうことなんだと思いながら。水戸の土地なんか行き止まりの道がないようなところだったんだけど、騙される自分が悪いんだからしょうがないわと思って。そういう縁がないんだからいい、ぜんぜん悔しがらないのよ私。それで母はもう歳とって、母は私が事件起こしたりして苦労してるじゃないですか。だから家を建ててあげようと思って。育ての母に恩義があるんで、子どもがいないから私をずっと自分の子どものように育ててくれて。実母はしょっちゅう家に来て、小遣いくれるのは実母なのね。オシャレだし両方ともきれいだから、交代で「今日はお金ないけど銀ブラ行こう」って小学校の頃から銀ブラ行って、千疋屋でフルーツパフェ食べて。それが唯一の母のプレゼントだったんですよ。「これは外国の製品でこうなのよ」「よく見ておきなさい、こういうもの着られるように頑張るのよ」って一生懸命教えてくれるの。そういう育て方だったんで、だから逆によかったなと思って。「自分がほしいものは努力して買うのよ、必ず手に入るんだから」って。だからほしいものは全部手に入れてきましたね。一緒に住んでから、育ての母が84歳で、実母が86歳で亡くなりましたけど。

吉田　いざ一緒に住んでみたらケンカばかりでたいへんだったとは本にも書いてありましたけど。

美川　そう。ふたりが「私が産んだのよ！」「私が育てたのよ！」って。たとえば毛皮のショールを買ったら、ちょっと上等なのはお姉さんのほう、お姉さんが育ての母だから。ちょっとランクを落としたのを実母にあげると喜ぶのよ。それはそういう条件だったんです。実母には「お姉さんと一緒に住むから」「私は？」「マンション借りてあげてるじゃない」「私も一緒に住みたいわ」「お姉さんに聞かなきゃダメよ」「なんて言うかしら？」「嫌がるんじゃない？」って言ったの。で、「姉さんどう？」って言ったら、「東京に来てふたりとも苦労してきて、いまこうやって由一がこんないい家建ててくれたんだからいいんじゃない？」って言ったら喜んで、断られないようにすぐ風呂敷持って、「私の部屋どこ」って言うから、「あんたそれがいけないのよ！　まず桜の見えるお部屋が姉さん、ちょっと日当たり悪いけどあそこがあんたの部屋よ」って言ったら、「あら暗いね」って言うから、「電気点けりゃ明るくなるわよ！　ひとつお願いがあるんだけど。お姉さんはもう高齢であんたのほうがずっと若いんだから、ちゃんと姉さんをケアして面倒見なきゃダメよ。わかってんの？」って言ったら、「わかってるわよ」って。だから、最後はふたりとも支え合って生きてました。

掟　よかったですね。

美川　よかった。たいへんなのよ、父親になったり母親になったり、両方をコントロールするのが。帰ってくるとまず最初にお姉さんがお茶持ってくるの。「聞いて、今日こんなことがあったのよ」とか言うから聞いてあげて。こっちは仕事で疲れて帰ってきてるんだけど。で、「明日早いからごめんね」って降りてくと、今度は実母が「姉さんの話は終わった？　ちょっと聞いてほしいんだけど」ってなるのよ。それもよく聞いてやってね。

吉田　いろいろたいへんだったんですね。

美川　たいへんだったけど、いまになったら逆によかったなって。だからふたりとも、「幸せな人生だったわ、あんたのおかげで何不自由なく好き放題のことして生かされてきて。ありがとうね」って言ってくれてね。

吉田　美川さんといえば共立美容外科のCMも印象的でした。

美川　あのときも、共立美容外科のいまの院長先生ともうひとりいたんですよね。ちょうど病院がスタートしたときで、私の知り合いが親戚だったのね。宣伝のためになんとかっていうことで、CMも声だけ「どこ見てんのよ」って、あれノーギャラでやったのよ。

掟　え！　友情出演なんですか！

美川　整形ってイメージがあるじゃない。事務所がやめたほうがいいって言ってたけど、立ち上げのためにね。いま共立美容外科があるのは私がそうやって一生懸命宣伝してあげて、何かあるとやってたから。それではるな愛がいまやってるじゃない、「どこ見てんのよ」って。はるなに「あんた誰のおかげでCMやってんのよ」って言いたいけど（笑）。

吉田　いろいろあった人が、ちゃんとCMもやれるようになったのはすごいことですよね。

美川　そうですね。事務所の社長に訴えられたり……。あれも冗談じゃない、私のマネージャーだったんだからね。先代の社長が亡くなって、私がそのまま社長を引き継ぐより誰かにやってもらったほうがいいなと思ってマネージャーを社長にして。そしたら彼がお金遣いすぎちゃってお金が回らなくなって。だから仕事がなくなって回らなくなったんじゃなくて、自分が遣いすぎてお金が回らなくなってきたの。結局、じゃあやめましょうってなったとき、美川をつるし上げれば金が入るっていうことで、周りのレポーターとかを手の内に入れて。あれも叩かれましたもんね。

吉田　結局、向こうの訴えは棄却されて。

美川　そう、裁判は2回やって2回とも勝訴で。いま何やってるかわからないけど。そうやって人を苦しめると天罰が当たるのよ。

吉田　いろいろ大変なことの多い人生ですけど、結果的になんとかなってるんですよね。

美川　そういうのに執着してないからね。私のいいところは、その社長にあんなふうに裏切られて嫌な思いしてるのに、いま生活できてるのかしら、どうしてるのかしらって思っちゃうのよね。だからといって会おうとは思いませんし、それはその人の人生だけど。

吉田　恨みに思わないタイプなんですね。

美川　ぜんぜん恨んでないです。いままで詐欺師に遭ったりいろんなことしてるけど。

吉田　泥棒に入られたり。

美川　でも、引きずってもしょうがないですから。

掟　芸能界で一度失敗したような人にもちゃんと声かけてあげるのはすごく優しいと思うんです。

美川　そうですね、自分の痛みがわかってるからね。みんなそういうときこそ人が離れていくじゃないですか。だから何かあったら相談に乗ってあげたいなっていうのはあって。

掟　僕らふたりとも田代まさしさんと一緒に仕事をしてまして。最初に田代さんが覚醒剤で捕まったときに、美川さんが「ホントにやり直すつもりがあるなら面倒を見てあげるから」っておっしゃってたのが印象的でした。

美川　そうなのよ。でも、絶対またやっちゃうかなと思ったの。気が小さい人はそっちの方向に行っちゃうのよ。それは私もわからなくはないの。自分の華やかな時代のことが頭にあって、戻れるわけないからいまの自分と比べるのはおかしいんだけど、そういうふうに思ってる自分がどこかしらにあって、その歯がゆさと悔しさと愚かさと、いろんなものが混じって、わかってるんだけど手が出ちゃう。それはもう体が蝕まれてる部分があって。

吉田　美川さんはお母さんふたりの存在があったから立ち直れたってことみたいですね。

美川　やっぱりあのふたりを私の失敗で悲しませたことが最大の自分の汚点で、だから恩返ししなきゃいけないっていう気持ちで親孝行して。でも、母は言いましたよ。「あんた、ああいうことがなかったら立ち上がれなかったかもしれない、ダラダラやってたかもよ」って。それはありましたね。でも私、そんなにああいうものに興味がないのよ。自分が言うのは変なんだけど、ぜんぜん興味がない。いろいろあって苦労はしたけれど、でも、苦労してるときの話って思い出が詰まってるのよね。あのとき犬がいて、ホントに私の守り犬だったから。いまも犬飼いたいなって思うんだけど。

掟　（1991年の『芸能界大きなお世話よ！』の裏表紙を見せて）この写真の犬ですか？

美川　そうなの！　21年生きたのよ。

掟　長生きですねえ！

吉田　これが泥棒に殴られた犬ですか？

美川　そう！　ちょっとそれ写真を撮らせて。

掟　よかったらその本、差し上げますよ。

美川　え、いただいて大丈夫なの？　ありがとう、うれしい！　これ対談が載ってるの？

吉田　そうです。特に強烈なのがミッキー安川さんとの対談で、ミッキーさんがホントにデタラメなことしか言わなくて。「あんたはとにかくマラがデカいと評判だよ」とか。

美川　私が？　ぜんぜん違いますよ！　見てもいないのによくそんなことを（笑）。ミッキーさんにはかわいがってもらって。ラスベガスである方のパーティーがあって、「ちょっと歌ってくれる？」ってミッキーさんが声かけてくれて。すごく楽しかったです。でも、いまああいう人がいなくなったからね。

掟　いまは生きづらいでしょうしね。

吉田　ボクの本も差し上げますよ。

美川　あら、ありがとうございます。本いただいたから何かお返ししようかしら。マスクのケースっを作ったのよ。
掟　オシャレですね、革ですか。
美川　これ便利よ、差し上げます。使ってください（ここでマネージャーに指示を出す）。
吉田　ありがとうございます！
掟　出ていただいた方にプレゼントいただくことなんてなかなかなくて申し訳ないです。
吉田　何度も聞かれてるだろうなと思ってあえて聞かなかったら、まさかのコロッケさんの名前が出てこないインタビューっていう。
美川　いくらでも話しますよ（笑）。コロッケがまだ東京に来る前に熊本のイベントで会ってるんですよ。化粧バッチリしてカーリーヘアで。おもしろい子だわ、たぶん化けるわと思ってて。それからコロッケが『ものまね王座決定戦』で私のモノマネをやって、ご本人登場で共演したんですけど、『どついたるねん』っていう赤井英和さんの映画は、それを見てお話が来たのよ。ゲイバーのママの役で、「なんでもありだから大丈夫よ」って。ちょうどあの頃は5分でも2分でも3分でもいろんな仕事をやっていかなきゃいけないんだからって、そういうときだったので。きっかけはモノマネで、あの番組が一発目だったからすごく印象が強かったのかもしれない。
掟　あれで完全復活できたんですよね。
美川　ちょうどスランプのときに東京駅に行ったら、ホームレスの人が「美川憲一？　売れない歌手が」って言って。「いまなんつった？」って言ったら、また「売れない歌手が」って言われて。「そうなのよ、売れてないのよ。そのうち売れるわよ、見返してやるから」って言ってやったの。それで売れてからそこ行って、「あんた、あのときの言葉は覚えてる？」って言ったんだけど（笑）。
掟　わざわざ言いに行ったんですね（笑）。
美川　そう、たまたま通ったからいるかしらって探したら、まだいたのよ！　それで「あんた覚えてる？美川よ」って言ったら、「ん？」って言うから、「あのとき『売れない歌手が』って言ったでしょ？　あの頃はたそがれてたけどざまあみろ」って（笑）。（さらにスカルの灰皿と洋菓子の詰め合わせを出して）これも差し上げるわ、どうぞ。
吉田　すいません！　至れり尽くせりで。
掟　まさか美川さんからスカルをもらって帰る日が

来るとは思いませんでした（笑）。

（原稿が諸事情により一部カットとなったのですが、それを知った美川さんから、なんと電話取材の申し出が！　ということで、ここからは後日行った吉田豪による追加取材を掲載します）

吉田　先日はお世話になりました！

美川　どうもありがとうございました。

吉田　いい人すぎて衝撃を受けましたよ！

美川　何を言ってるんですか、腹黒いのに。

吉田　ダハハハハ！　あんなにプレゼントもらいまくりの取材はないですから。ただ大人の事情でデリケートな部分が載せづらい、と。

美川　そうですね、すみませんでした。私もなんでもしゃべっちゃうタイプなので。

吉田　まあ、こうして電話で追加取材できるのもいい人ならではですよ。しかも「昔、清掃員の仕事をしてたので『紅白』で高いところも怖くなかったとか、代わりにいろんなエピソードがあります」って申し出もあって。清掃員とかウエイターとか郵便局とかいろんなバイトをやられてたとは聞いてますけど。

美川　でも、清掃員が一番キツかったかな。

吉田　ビルの窓とか拭いてたわけですね。

美川　そうです。板を吊って、ビルからずっと降りてくるような感じで。そういう仕事って危険なぶん金額はよかったんですよね。逆に郵便局の仕分けなんていうのは、刺激もなくてもの足りないぐらいでしたよ（笑）。

吉田　それと比べたら『紅白』でどんなに危険そうな高さで歌う衣装でも、全然安全だしなんの問題もないって感じだったんですか？

美川　なんとも。保険かけてたけど、保険なんかかけなくても大丈夫でしょって（笑）。

吉田　ダハハハハ！　慣れてるから（笑）。

美川　事務所は、やっぱり保険をかけて。命綱つけてクレーンに乗ったりしますからね。

吉田　当時は清掃員で学費を稼いだりして。

美川　学費もそうですけど、若いときからファッションにもすごく興味があったので、そういうことで貯めては買ってましたからね。すごい水を使いますでしょ、冬は手が荒れてしもやけになるんですよ。だから

母に「あんたきれいなのに荒れてかわいそうね」って言われて、若いときからアルバイトのあとは手のケアとか指のケアとかやってましたね。

吉田　美川さんは、経済的にけっこうしんどい思いをしてきた人だと思うんですけど。

美川　母がしんどかったんですよね。亡くなった父の借金を返すために母がせっせと働いてるのを見て、なんとかしてあげようかなと思ってもそこまでの稼ぎではなかったから。逆に早く独立心を持って面倒を見なきゃいけないっていう気持ちが先にいってたんですね。

吉田　ただ、苦労しているはずだけど苦労をほとんど感じさせない人だと思うんですよ。

美川　私はホントそうなんですよ、若いときからお金なくてもお金を持ってるような顔してたの。それは当時、ご飯を食べるときに正座して背筋をピッと伸ばして黙々と食べないと義理の父に怒られるんですよ。そういう厳格な人だったんです。ちょっとでも声を出すと背中バーンと叩かれて。「ウチはそんなに裕福ではなくてもちゃんと背筋をピッと伸ばして、貧乏くさくならないようにしてなさい！」って言われて。そのときから姿勢はすごくいいんですよ、肩パット入れなくても肩のラインがきれいだって言われるくらい。
吉田　苦労という意味では、一度どん底を味わってよかったことってありますか？
美川　逆にどん底に落ちたときに人間らしくなったというか。最低のプライドは必要だけど、でも逆に構えず楽に生きるっていうことを教えてもらいました、自然体で。
吉田　それまでは、どこかでちょっと肩肘を張ってた部分もあったんですかね？
美川　ありましたね。だって当時はお金がいっぱい入ってくるわけじゃないですか。マンションを買って、昭和43年に事務所を独立して、20代で外車に乗って運転手つけてたら勘違いしちゃいますよね。もともと小さい事務所ばっかりだったので大手にいたことないんで、いままで一匹狼できちゃったんで。だから逆に大手の事務所がうらやましくて。
吉田　つまり、何かあったときに守ってくれるような事務所じゃないわけですよね。
美川　それこそどん底に落ちたら、バーターで少しでもテレビに出そうってしてくれるじゃない。それがないから。もちろんお世話になった人はいっぱいますけど、そういうときこそ自分が投資しなくちゃいけないからお金を遣ってましたよ、どん底に落ちたときも。
吉田　むしろ優雅にすごしていたんですね。
美川　そうなんですよ。やっぱりこの道しかないなって。じゃあ何やるんだっていっても水商売でカウンターに入って「いらっしゃいませ」って、1回売れた人間があの人はいまになってそれやるのもキツいかなっていうのはありましたからね。自分の信念で絶対にもう一回這い上がれるっていうのをそのときに教えてもらいましたね。ここまで落ちたら、あとは這い上がるだけだから楽だなと思って。
吉田　楽！　だけど実際、そこから想像以上の這い上がり方ができたわけですもんね。
美川　そうですね、自分の運がどうかっていうことも迷いがあるから。すごく当たる女性占い師がいるって聞いて仙台まで行きましたよ。そしたらピッタリ当たったのよね。「後光が射してるみたいにすごい光があなたのうしろに射してるから、ひょっとしたらカムバックするかもしれませんよ」って言われて。「どのくらいですか？」って聞いたら、「そんなに時間かからなくてもちゃんとまた一線に復帰できると思います、そういう星の下に生まれたんですね」って言われて。そしたらホントにそういうふうになりましたもんね。それまで歌のヒット曲はあってもキャラクターで美川憲一がブームになった経験はなかったじゃないですか。これがブームなんだっていうことがわかって、行くとこ行くとこ、それこそ駅を降りたら人だかりになってたの。

吉田　人生における後悔はありますか？

美川　いま考えると母親を泣かせてしまった償いというのはずっと考えてましたね。

吉田　その後、再起できたことで、その恩返しはちゃんとできた感じではありますよね。

美川　最終的にはね。ふたりの母は「思い残すことない」って言って亡くなっていきましたから。こないだ育ての母の月命日だったのでお墓参りに行ってきたんですよ。由緒あるお寺に先祖代々のお墓があるわけじゃないですか。義理の父も眠ってますしふたりの母もいて、そこは私で途絶えるわけですよ。墓じまいとかも思ったんですけど、遠い親戚ですからちゃんと守ってもらえるので、私もここに眠るんだなと思いながら帰ってきました。

吉田　まだ早いですけど、ある意味終活的なことも多少考えたりはしているんですか？

美川　終活はしないの。こないだいろんなものを片付けたんだけど、終活するといつお迎えが来てもいいみたいになっちゃいそうだから。私そういうタイプじゃないから！

吉田　最後まで優雅でいてほしいです。

美川　そう、最後まで優雅で好奇心持って。だから物欲にも強くいなきゃいけないなと思ってるんですね。物欲もなくなりかけてるのよ、これじゃダメだなって。だから少し自粛はしてますけど、永遠にオシャレしていないと衰えちゃうと思う。吉野（伝説のゲイバー）のママは今度91歳になるんだけど元気で、いまでもグッチ着たりプラダ着たりしてるの。それできるのは幸せだなと思って。

吉田　やっぱり反骨精神の人ですよね。

美川　そう、反骨精神は強いかもね。

根本 凪の巻

DENCHI-IKA

PROFILE

根本 凪

3月15日生まれ、茨城県水戸市出身。2014年7月、アイドルグループ・虹のコンキスタドールとして活動を開始。2017年12月、でんぱ組.incに虹のコンキスタドールと兼任の形で加入。2019年1月に夢眠ねむがでんぱ組.incを卒業した際、彼女の担当色だったミントグリーンを引き継いで活躍していたが、このインタビューから3ヶ月後の2021年10月に体調不良のためしばらく休養することを発表。2022年4月30日のソロ公演をもってふたつのグループを卒業した。現在はVTuberとしての活動をメインに活躍中。

吉田　根本さんに会うのは、去年9月のイベント（2020年9月26日、渋谷LOFT9の根本凪＋鹿目凛×恋汐りんご＋望月みゆ×吉田豪）以来なんですけど、正直あのときはステージで話しながら根本さんのメンタルが心配になったんですよね。

根本　常に闇を抱えてるんで（苦笑）。

吉田　本格的にヤバいかもと思って、すぐもふくちゃん（プロデューサー）に連絡しました。正直、あの時点で辞めかねない空気が出ていたんで。

根本　ありがとうございます、たしかに最ヤバだったかもしれない（笑）。いまは大丈夫だと信じたいです。今日は掟さんに会えるんですよね！　たぶん最後に掟さんに会ったのはゆずさん（バンドじゃないもん！の甘夏ゆずではなく、あの2人組のほう）のMV「イマサラ」のときで。ねもぺろｆｒｏｍでんぱ組．ｉｎｃ（鹿目凛とのでんぱ組．ｉｎｃスピンオフユニット）とは別日だったんですけど、私がどうしても会いたくてアシスタントみたいな感じで現場に行って写真撮ってもらって。もう会いたすぎて。

吉田　あ、掟さんが到着しました！

根本　今日はよろしくお願いします！

掟　ちょっとぜんぜん関係ない話していいですか？　俺、25年前にビルの窓拭きのバイトやってて、月に1回このビルの窓を拭いてたんですよ。だから、いま違う種類の感動をしてて。

吉田　誰も分かち合えない感動ですよ！

掟　分かち合えないんですよねえ……。

吉田　今日はふたりにちゃんと話をしてもらいたくて組んだ企画なんですけど、アイドル側が掟さんにこんなにがっつくことがそもそも奇跡だと思っていて。

掟　一応ウィキペディアを確認しようと思ったらウィキペディアに俺の情報が載ってました。

吉田　「掟ポルシェ好きで有名」って？

根本　書き足されて（笑）。でも、すごいファンの方からしたらニワカだと思うので。

掟　いや、ぜんぜんそういうことじゃなくて！　もともと2019年の肉フェスというイベントが茨城の偕楽園ってところで3日間行なわれたとき、そのイベントは基本、家族連れが来るやつで。

吉田　子どもがいっぱい来てるんですよね。

掟　それなのに主催者の人がミュージックマインでバンドやってた人なんで。その3日間のライブが絵恋ちゃん、クリトリック・リス、俺で。
根本　好きすぎるメンツ（笑）。
掟　そこでなぜか妙に子どもにウケてしまいまして。
吉田　掟さん子どもウケはすごいもんね。
掟　そうですね、基本的には人を脅かさない隙だらけの感じが前面に出てるので、子どもですら突っ込んでいいもんだと思うっていう。
根本　たしかに人畜無害な感じがする。
吉田　怪しい人なんだけど危険ではないという。
掟　DJを20年ぐらいやってきて、妙に獲得したスキルが客イジリだったというね。
根本　なかなかできないと思います。私はアイドルやって7年になるんですけど、変にお客さんに気を遣いすぎてしまう癖があるので、振り切ったことをやってるのがすごいカッコいいなと思って。あこがれを抱いてしまいました。あのハムを投げる度胸が……。
掟　そんなの、すぐできますよ。
根本　……できますか？
吉田　ただアイドルの場合、何かやったら批判されるんじゃないかって思いがありますよね。
根本　そう、それがつきものなので。
吉田　ハムを投げたら「食べものを粗末にするな！」ってまず言われちゃうだろうし。
掟　あとで食べちゃえば大丈夫ですよ。
根本　たしかに（笑）。
掟　投げたあとちゃんと回収して泥を払って。
根本　最初は掟さんのDJの動画が水戸の友達から回ってきて、「こんなおもしろい人が地元に来てた」って。四季の原っていう広い原っぱみたいな、もともとなじみ深い、よく遊んでた場所が異様な空気になって、ひとつのテーマパークみたいなものが出来上がってたことに感銘を受けて。同じ場所でもこんなに違って見えるんだと思って感動して、会ってみたくて。デビュー直後の虹コンの取材でお会いしたことはあったんですけど。ゆずさんのMVの撮影は別の日だったんですけど会いに行ってガムテープを巻いてもらいました！
掟　「一番会いたかった人に会えました」ってアイドルに言われると、罠だと思って。
根本　罠じゃない！
掟　しかもゆずのMVっていう、そこ自体がおかしいじゃないですか。俺とゆずの接点がないし、ゆずの曲

にしては変なインド音階でおかしいし、アイドルが言う言葉にしてはおかしいし、絶対どっかカメラあるなって。騙されてないことがわかったときはちょっと怖かったですね。もしかして熱あんのかなって。

吉田　だけど根本さんは、ツイッターに何度か掟さんのＤＪ動画も貼ってましたからね。

根本　いま担当していただいてるラジオのディレクターさんがそのブッキングをされた方で、番組でお話が出たときラジオのハッシュタグに載せて動画を貼ったら、ファンの方が「未知との遭遇だ！」って初めて観る方は感銘を受けてて。布教……っておこがましい言い方になっちゃう、自分が刺激を受けたものをみんなに知ってもらえるのがうれしくて。

吉田　最近、根本さんは生誕祭をやるときにしても明らかにそういうモードになってきてますよね。

根本　はい。いままではふつうにライブをひとりでやってたんですけど、今年は絵恋ちゃんとか電影と少年ＣＱさんとか水野しずさんとか岸田メルさんを呼んだ、カオスな生誕祭を作って。たぶん鬱状態みたいな感じになって1回全部リセットされたんですよ。で、あらためてまっさらになったときに自分がなってみたい人ってなんだろうと思って呼んだのがああいう人たちだったんですね。掟さんも同じ匂いを感じる。自分がなってみたいなってあこがれる枠に入れさせていただいて。

吉田　掟ポルシェにもなりたい！

根本　なりたいけどなれない、決定的にユーモアのセンスがぜんぜん違うから指をくわえて見てるしかないんですけど。良くも悪くも大人数で長くやってきたアイドルグループって変化がなかったりするんですよ、安定しちゃうことが多いので。新しいことを毎回ひとりで頑張ってるというか、才能のままやってる方を見るとあこがれてしまうんですよね。

掟　なんだったら今日これ持ってきたんで。

根本　え、なんですか？

吉田　掟ポルシェになれるセット！

掟　（掟ポルシェTシャツを2種類渡して）これを着れば、もうハム投げても大丈夫なんで。

根本　えーーーーっ、めっちゃうれしい！！！！！うれしすぎる!!　ありがとうございます!!

掟　とりあえず服装とかでいままでと違う感じが出れば大丈夫じゃないかなって。

根本　これ毎日着ようかな……。
吉田　それでサンバイザー着ければ。
根本　ありがとうございます、これ着て四季の原に行きます。聖地巡礼したい！
掟　小学生がついて来ますよ。
根本　ついて来てくれるかな？
掟　あのとき小学生の出待ちいましたから。小学校5年生の男の子4人出待ちしてて。気分よくなっちゃって、「おまえらなんでも食え」って言ってかき氷とか奢ってやって。
根本　動画を観たら大人も楽しそうにしてて、エンターテイナーだなと思ってすごい尊敬して。私たちアイドルグループもリリースイベントでららぽーととか行って、屋外で子どもたちとか親御さんがいて、決してファンの人たちだけではない空間でライブする機会がけっこう多いので。でも、子どもたちが立ち止まってくれることってあんまりないんですよね。だから盗めるところないかなと思って。
掟　子どもたちが来られるようにしたい。それには大人のファンを全員駆逐するところからですね。
根本　駆逐！　全員張り倒して（笑）。
吉田　子どもの心を掴むのって、まずは客席に突っ込んで行くのが重要なんですかね？
掟　水曜日のカンパネラも客席に突っ込むスタイルを導入してましたけどね、俺がやってることをかわいい女の子がやるともっとウケるなと思って。そこに関してはパテントないんで、いくらでもやったほうがいいですよ。
根本　いいなあ、殻を破っていきたくて。
吉田　女の子が客席に突っ込むのはちょっと危険だけど、掟さんは客がビビるから平和ですよね。
掟　そうなんですよね。そして、客に嫌がってもらえてこそのオッサンへのキスもあり。
根本　すごかった！　ポッキーゲームみたいなことをいきなりやったり、レパートリーがめちゃめちゃすごいなと思って。「これから他人の曲をかけて金を稼ぎます。子どもたち、これからはユーチューバーじゃないよ。君たちが大人になる頃にはユーチューバー全員死にます」「給食費を払うために頑張ります」みたいなMCがすごい好きで（笑）。それからはただ曲をかけるだけなのかなと思ったら、いきなり降りて絶妙なタイミングでヘソを見せたり、子どもと追い掛けっこしたり、なんかホントに感動したんですよ、とらわれない感じが。……疲れてただけではないんですけど。
吉田　弱ってる心の隙間にアイドルが入りがちみたいな何かがそこにあったんでしょうかね。
根本　たぶんそれだ！
吉田　掟ポルシェが入っちゃった（笑）。
根本　でんぱ組の危機は掟さんに救われました。ありがとうございます。大感謝です。
掟　よかった！
根本　ＤＪ以外でも掟さんが「夏の魔物」の会場に先に行って、動物園でゾウに話しかけてる動画を観て元気をもらったりしてて。目標としては、いつかコラボしたいと思って。
掟　あ、もういつでも。明日でもできます。
根本　明日（笑）。
掟　今日の帰りに何か作って帰りますよ。
根本　うれしすぎる！　めちゃくちゃやりたくて。ぶどうねこ（小林清美プロデュースによる山梨の子どもアイドル。すでに解散）の曲に合わせて絶妙なタイミングで止まるヤツとか一緒にやりたくて。
掟　ぶどうねこの動画っていま俺がＤＪでかけてる動画しかなくて。ライブの動画は全部削除されてるんですよ。子どもがやってたんで、あの動画を観た友達からニャーニャー言ってるのをイジられて、恥ずかしいからちょっとやめてくださいってなったみたいで。
根本　幼かったですもんね、それはわかる。曲のセンスもすごく刺さるものがあって。これが野外の対バンだったら走ってステージに行くみたいな熱い気持ちになって……というファンレターみたいなことを言う（笑）。
掟　基本、歌詞とか苦手なんで。何か訴えたり深いことを言われるとちょっと、「ごめんなさい！」ってなっちゃうんで。でも、「山梨県のぶどうの名前をみんなで言うにゃー、用意はいいかにゃー？」とか言われると、「うわ脳溶ける、最高！」ってなるという。
根本　わかる！　ときどきコールみたいな動きを入れてるのもすごいよかったです、アイドル文化と融合してました。大好きすぎる！
吉田　ちょうど弱ってた時期だったってことですけど、根本さんそのときはなんで弱ってたんですか？
根本　たぶんいろいろ重なって。コロナ期間でちょっと時間が空いたあとにいきなり配信ライブができるようになって、それはすごくうれしかったんですけど、それに伴って振り入れがグループで重なっちゃって。私、キャパシティが大きくないし、振り入れについていけなかったり。
吉田 苦手なのに兼任してるわけですね。
根本 そうなんです。それで軽く鬱状態みたいになってしまって、元気がなかったって感じですね。大人数のなかでできなかったりすると、足引っ張っちゃってるって。
掟 アイドルたいへんですね。
根本 たいへんなところはあります。
掟 俺、同じ曲でも毎回振付違いますよ。方向感覚がないんで。右と左がいまだに区別つかなくて、5秒以上考えないとわからない。
吉田 「箸持つほうどっちだっけ?」って。
掟 「箸持つほう」っていう概念自体が、箸持つほうって覚え方もどうかな、みたいな。
根本 めちゃめちゃわかるー!!
掟 じゃあもうアイドルじゃなく、フリーで人の曲かけるとかでいいんじゃないですかね。
根本 人の曲かけてやろうかな、Tシャツもいただいたことだし新しい道が開けました!
吉田 グループ内ではちょっと難しいだろうけど、これからDJなりソロなりで奇抜なことをやっていくのはぜんぜんありだと思いますよ。
根本 自分を発散する場所というか。おそろいの服でおそろいの踊りでとか、でんぱはまた違った感じではあるんですけど、一応組織なので。それこそでんぱ組.incが新体制になるときも5人増えて10人になって、先生が大丈夫そうな子を選んで、ちゃんと水が合いそうな子たちを選んで連れてきてくれて、その子たちのこともぜんぜん嫌いじゃないのに、レッスン室に入ったらクラスみたいな気持ちになっちゃって、泣いてレッスンに行けなくて(笑)。
吉田 ダハハハハ! さすがだなー(笑)。
根本 入口でダンスの先生と鉢合わせて、「根本どうしたの?」って言われて、「じゃあ落ち着くまで上にいていいから、落ち着いたら戻ってきな」って言われて、別れて3秒後に帰ったり。ワンマンライブを経て慣れてきて、いまはもう大丈夫なんですけど。
吉田 もともと集団生活が苦手な人だし。
根本 だから、なんでやってるのかなって思っちゃうときもあるので、ソロをちょっとやってみたい気持ちがあるのかもしれないです。

掟　虹コンのインタビューをしたとき、まだみなさん10代だったんで、「みなさん学生ですよね、どんな学校生活を送ってます？　学校で流行ってるものは？」みたいなことを聞いたら、根本さんが「いや学校はちょっと……学校には魔物がいます」って言って。

根本　ヒャーッ、ヤバいですね、「あいつ何？」ってなっちゃいますよね（笑）。

吉田　「そこがNG？」って（笑）。

掟　しかもみんなNGなんですよ（笑）。

吉田　虹コンが信用できるのはそこですからね。とにかく、くすぶってる人が多くて。

根本　そう、多かった。いまでこそ明るい子が増えてるけど。置いていかれてる（笑）。ちゃんと生きられてたらアイドルやってませんからねっていう話なんで……ションボリ。

吉田　ダハハハハ！　だって、ボクとイベントで初共演のときに根本さんにいきなり号泣されましたからね。

根本　めっちゃ怖かったんですよ……。

掟　いまだに吉田豪は怖いんですか？

根本　目の奥が怖いんです……。

吉田　何度も仕事してるのに、いまだにツイッターもフォローされてないですからね。
根本　怖すぎて外しました……。
掟　意外と優しいんですよ！
根本　でも闇の部分を引きだしておもしろく昇華してくださるので、吉田さんはありがたいです。私がステージで号泣したときも、ふつうの方だったら腫れものとして扱うと思うんですけど、おもしろくしてもらったんで。
掟　人前ではよく泣くんですか？
根本　ライブ中とかは。この前のワンマンライブの最後に泣いたんですけど、あのときはわかんない、汁として流れただけっぽい。
掟　汁として！
根本　感情がわからなくて、やり切ったうれしさはあったと思うんですけど、「汁が……」って。
掟　ホルモンバランスが崩れて。
根本　そう、自律神経が（笑）。そういう感じで泣いたりはあって。でも、あれくらい恐怖で泣いたのは吉田さんの前だけですよ。
掟　怖くないから！　大丈夫だから！
吉田　ちなみにゲームとかやるんですか？
根本　『たまごっち』とかしかできないです。グループにゲーム実況やってる子がいて、やってみたいなとは思うんですけど。自分ができたのって犬を育てるゲームとか。
吉田　『ｎｉｎｔｅｎｄｏｇｓ』？
根本　そう、あと『たまごっちのプチプチおみせっち』っていう虫歯を治したりたこ焼きを作ったりするようなソフトしかできたことないので。『マリオカート』もゴールできたことないんですよ。ゲーム実況したら全員イライラしちゃうかもしれない。

伊藤政則の巻　DENCHI-IKA

PROFILE

伊藤政則

1953年7月10日生まれ。岩手県出身。音楽評論家。70年代より現在に至るまでラジオ・TV・雑誌などで最新の情報を発信し続け、特にヘヴィ・メタル／ハード・ロックのシーンにおいて絶大な影響力を持つ。ヘヴィメタル専門誌である『BURRN!』の編集顧問。ラジオDJとしてBAY FM、FM FUJI、FM802などで活躍中。新刊『伊藤政則の"遺言"3』(BURRN!叢書)が発売中。

政則　今日はなんの話なの？
吉田　基本は雑談なんですけど。
政則　お、いいねえ！
吉田　以前、ボクが「政則十番勝負」に出させていただいて、メタル以外の話だけを聞いたじゃないですか。あれがめちゃくちゃおもしろかったんで、そのまま『ヘドバン』とかにでも載せればいいのにと思ってたんですけど載ることもなくてもったいないから、あのときに近い感じで聞けたらなと思ってます。
政則　あのときは麻田奈美ちゃんのことばっかり聞くから何ごとかと思ったけど（笑）。
吉田　伝説のヌード美少女ですからね！
掟　本に「俺が麻田奈美とリーヤしたって？」って書いてあったのを覚えてます（笑）。
政則　してないよ（笑）。でも、もしいまだったら僕は仕事よりも麻田奈美を取るよ。だけどあの時代は奈美も大事だったけどロックのほうが大事で、そっち取っちゃったから疎遠になっちゃったけどね。
吉田　それくらいの関係ではあった、と。
政則　青春は戻ってこないから悲しいよ！
掟　両方取ることはできなかったんですか？
政則　できなかった。21歳でまだ若くて。
吉田　ロック喫茶勤務時代ですよね。
政則　そうです。初台のケンっていう、当時画期的に髪の毛がオレンジ色のヤツがいて、たまたま麻田奈美の話をしてたら「あ、知り合いだよ」って話になって、「じゃあ今度連れて来いよ」って言ったら、74年7月の俺の誕生日の前後の日曜の昼、僕が大箱で満パンでDJやってたらガラスのドアがバーンと開いて、奈美が花束持ってきたんだよ。俺が気付く前に客が気付いちゃって、ザワザワどころかみんな立ち上がっちゃって、「何ごと？　あ、麻田奈美じゃん！」って。そしたら奈美が「お誕生日おめでとう」って言うから、客席はざわめいちゃって。それで奈美の自宅の電話番号を聞いて。当時、奈美は芸能界を引退して自分探しの旅をしたかったの。
吉田　だから、ちょうど政則さんがロンドンに行くタイミングで、彼女も海外に行くことになるんですね。
政則　俺が電話したらお母さんが出て、「喫茶レインボーのマー坊です」「ああ聞いてますよ、あなたもロンドン行くの？」って言うから、「いやその話を詰めたいなと思いまして」って。それで奈美が出たら「いつまでロンドンにいるの？」って話になって、「俺は金が尽きるまで」「会うとしたらどこがいいの？」って言うんだけど、僕も外国に行ったことないし、携帯もないし、宿は取ったけどいつまでいるかわからん。奈美もヨーロッパ大陸からロンドンにいつ来るかわからない。そういう状況のなかで、現代であれば会うことができたと思うんだけど74年だからね。

吉田　まあ無理ですよね。

政則　そういうのもすれ違いの悲しい性というか、だって俺、その後奈美と会ってないの。芸能界引退して外とシャットダウンしたいから、電話しても出なかったね。だからホントにいまならなと思うけどね。俺はべつにロックを捨てるわけじゃないけど、しばらくロックを休んでもよかったと思う（笑）。

吉田　ダハハハハ！　いまは後悔してる！

政則　俺すげえ本気で言うけど、いまならちょっと休んでもいいよ！　だからふたりとも子どもだったんだよね。まるっきり右も左もわからないのに、僕はロックに身を投じるためにロンドンに行こうとか、わりと純な考え方で親父から60万借りて行くことになったの。奈美ちゃんはもう当たってるから金はある。そういう話をしたんだよね、こないだは。

吉田　そうです。もっと言うとロック喫茶時代のサンズ野田義治社長との交流の話とか。

政則　ああ、野田さんはまさか後にこういうふうになるとは思ってなかったからね。

吉田　当時はただの荒っぽい人で（笑）。

政則　ホントに！　水商売なんでもやってて、絶対ルートコとか経営してるなって感じの新日本観光っていう会社があったんだよ。60年代にはゴーゴー喫茶みたいなのを歌舞伎町でやってて、そのうちグループサウンズが出てきたから、野田さんはもともと役者を目指してたんだけど食えないんで新日本観光でアルバイトしてて。ゴーゴー喫茶を経営してるときに野田さんがよく言ってたのは、歌舞伎町だとやっぱり荒くれが寄ってくるんだよね。そうするとライバル店に客が一番入ってる時間を狙って子飼いのヤツらを行かせて、そこでお茶を飲む振りして暴れさせるって。

吉田　それ、野田社長本人からも聞きましたよ（笑）。

政則　野田さんはそうやって潰していったらしいんだよ。そうこうしてるうちにグループサウンズの時代がやってきて、もともと箱バンとか入れてた関係で野田さんがしばらくバンドを預かってくれないかとか言われて、オックスなんか箱バンにしてたらしい。そのうちいくつかのバンドのマネージャーみたいになって黒澤プロモーションに行くんじゃない？　それでいつの間にか僕も店を辞めちゃって、『オールナイトニッポン』とかやるようになって、84年からニッポン放送で金曜に『ＴＯＫＹＯベストヒット』っていう番組を担当するようになるんだけど、「22時から23時までアイドルで、次の1時間は日本のロック、最後の1時間は洋楽の番組をやりたくて、おまえに白羽の矢が立った」って言われて、「俺アイドルとかわかんねえよ」「わかんねえからおもしろいんじゃん」って。そうこうしてるうちに、最初はコント赤信号と水島かおりっていうラジオっ娘の子とやってたんだけど、アイドルもどっかのマネジメントの仕込みばっかり来るんだよ。もちろん堀ちえみとか早見優とか来る日もあるよ。

吉田　たまには大物も来るけど。

政則　うん、だったら誰かいないかってことで、『少年マガジン』の裏か何か見て、堀江しのぶって子を「こいつでいいじゃん！　呼んでみようよ」って言って、こっちからアプローチしたんだよね。そしたら来てくれることになって、堀江しのぶのうしろから腰を折って菓子折りみたいなの持って「どうもどうもどうも！」って、マネージャーをデフォルメして演じてる人みたいなのが来て。「あれ？　野田さんじゃないの？」って言ったら、「え、マー坊？　おまえこんなとこで何やってんの？」って。それで再会したら野田さんの仕掛けだと思うけど、呼ばれてないのに毎週来るようになったの、堀江しのぶが。

掟　ここは入り込めるぞと思ったわけですね。

政則　そのうちにニッポン放送が湘南で海の家を経営するからコント赤信号と海から中継しようってことになったんだけど、放送時間が22時からなんだよ、海には誰もいないじゃん。俺やりたくねえよって言ったんだけど、やってくれって。で、「人がいないと番組にならないから昼間にイベント入れるからその司会もやってくれ」って言われて。そんな灼熱の太陽のところに誰が来てくれるんだと思ったら、「堀江呼ぶから」って（笑）。

吉田　確実に水着映えしますからね（笑）。

政則　そうそう、水着でやらせるって話で。それで「地下鉄マドンナ」だったかな、カラオケで歌わせて海水浴客にプロモーションするってことで野田さんすっかり乗っちゃってやったんだけど、当時はまだオープンリールだったから技術さんが30分前からスタンバってたら、テープ伸びちゃってぜんぜん歌えないのよ。カラオケ失敗で堀江しのぶが泣いちゃって。そんなことまでやらされたよ。

吉田 海の営業までやってたわけですね。

政則 ロックバーとかロック喫茶も、昔は考えられないことあった。俺が店に行ったら騒然となってて、「どうしたの？」って言ったら「日本刀を持ったヤツが入って来た」。

吉田 なんでまた！

政則 出入りだよ出入り！　そこの人も俺らには優しいけどね。絶対にただ者じゃないよ。

吉田 そんなラジオもそうですけど、政則さんがなぜかフジサンケイグループで推されて売り出された時代があったじゃないですか。

政則 ひとつはニッポン放送って力のある放送局だけど、いいときだけしか寄ってこないんだよね。ダメになるとすぐクビにしちゃうの。伊集院光なんてニッポン放送と決裂した人間じゃん、宮本幸一さんって人と決裂でしょ。

吉田 あの人とは、とんねるずから明石家さんまさんまでいろんな人が決裂してますね。

政則 僕も宮本さんにクビにされた人間だから。宮本さんっていまニッポン放送の子会社の社長やってるって聞いたけども、もともと僕が『オールナイトニッポン』でDJを始めた頃って技術の人で、噂によるとニッポン放送の地方の電波塔のサビを落としてた人らしいんだよ。それが一気に編成に配属されて『鶴光のオールナイトニッポン』とかやってたんで、けっこう幅利かせるようになったのかな。それで自分の推しを出すようになって、伊集院とかとんねるずとかぶつかったんじゃない？

吉田 なるほど。政則さんの『オールナイトニッポン』はどれくらい続いたんですか？

政則 9ヶ月。もともと俺は糸居五郎さんとイルカとか武田鉄矢とか、あとは小林麻美とかの『オールナイト』でADやってて。当時のチーフに「おまえ、おもしろいからデモ作ったらいいんじゃないか」って言われて、『オールナイトニッポン』のビバルームっていう制作チームがあるから「ビバルームで好き放題作れ」ってことで、よくわからないままギャグとかエロとか全部入れたんですよ。そしたら「おもしろい、いままで俺が聴いたデモのトップ3に入る」って言われて、木曜の2部、「準備しとけ」って言われて、それでやるようになったの。

吉田 当時まだ何者でもないロック喫茶の人が。

政則 ただロック喫茶の時代から、しゃべりが人気あるとかマー坊おもしろいとか、そんな感じはあったよ。ところがビバルームのヤツが入れ替わり立ち替わり作るからギャグもそんなのばっかりで、デヴィッド・ボウイかけてもぜんぜん合わないの。それで対立が起こっちゃうわけ。「俺こんなんじゃ嫌だ」って、もうやめてえなって空気になるんだよ。そしたら誰か次を見つけなきゃいけないから、伊藤がやってた路線を継ぐのは誰だって探し始めるんだよな。それが稲川淳二なの。

吉田 当時、政則さんもそうですけど、稲川さんも知名度はぜんぜんない頃ですよね？

政則 そう、工業デザイナーだよ。俺のあとが稲川って、この枠をどう見てたかがわかるだろ？　マシンガントークするだけ。だから飲み会かなんかで稲川淳二と会ったってヤツがいて、「おまえおもしろいからやってみないか？」って誘っただけらしいんだよ。

吉田 知名度は関係なくしゃべれる人の枠。

政則 そうそうそう。だから俺は3クールで終わっちゃったけど、あのまま続けててもなっていう気はしたよ。それが75から76年だから。

吉田 起用の仕方が異常ですよね。

政則 異常だよね。俺は『オールナイトニッポン』をやりながらADもまだ2曜日ぐらいやってたから。俺が麻田奈美とどうのこうの言われて間もなくロンドンから帰ってきて、奈美に電話してもつながらない、これはすべて終わった話だなと思って。そうこうしてるうちに『オールナイトニッポン』のADの話が湧き上がって、ロック喫茶のDJを辞めて俺はニッポン放送に行くわけ。それでADやりながらいろんなレコード会社に遊びに行ってるうちに、「そんなに好きなら解説書かないか」って話になって、やっと音楽評論家みたいな形で食えるようになっていくんだよ。

吉田 ボクは音楽評論家で一番しゃべれるのは政則さんだと思ってたんですけど、そもそも音楽評論家以前にしゃべるのが仕事の人なわけで。

政則　まさに。だから僕が『オールナイトニッポン』やめるってなったとき、「小遣いしか出ないけどチョイ役でニッポン放送の夕方の番組に出ないか」ってプロデューサーに言われて、モップスの鈴木ヒロミツさんが銀座のどっかのホールで番組やってたんだけど、そこの端役でヒロミツさんと絡む『シャナナぎんざ何がなんだか若ラジオ』っていう番組にも起用されて、半年間ぐらいやってたんだけど、ほかにやりたいことがあるからね。でも、番組であんまりロックの通なこと言うと亀渕（昭信）さんからスタジオに電話かかってきて、「政則にそんなことしゃべらせるな、もっとおもしろくしゃべれ」って。

掟　「まじめなことを言うんじゃない」と。

政則　「チャート番組じゃないんだから」って。それだけマークされてたんですよ。

吉田　でも、80年代半ばになったら、またニッポン放送に推されるわけですよね。

政則　84年の『TOKYOベストヒット』でね。なんで俺がやるようになったかっていういいと、それまで三宅裕司が夜帯やってたの。

吉田　『三宅裕司のヤングパラダイス』を。

政則　そう。ところがレーティング的になかなか文化放送の吉田照美を潰せなかったの。ニッポン放送もそろそろ夜帯のレーティングを取らないと営業的にもダメだってなって、『ヤンパラ』が月〜木、金曜日に俺を入れて日本のロック、洋楽を押し出してやろう、と。でも、放送作家が遠藤察男なんだよ。

掟　とんねるずでお馴染みの。

吉田　秋元康枠ですね。

政則　そうだよ！　秋元さんはもともとニッポン放送の番組に投稿していた人で、『TOKYOベストヒット』も俺は事情を知らないけど、察男は当時SOLD-OUTでしょ、それで秋元さんがよく番組を聴いてたの。俺はべつにアイドルもいいけどロックをやりたいわけだから。でも察男を持ってくるっていうことはレーティングになると必ず「キャンタマオリンピック」とか、放送コードギリギリなんだよ。「待て、『キャンタマオリンピック』ってなんだよ」って言うと、「デカそうなヤツに得点つけて発表する」と。そんな企画ばっかり持ってくるんだよ。いい加減にしてくんねえかなって思ったけど、とにかくやるしかない。赤信号をどう使うかってことで、赤信号はなんでもやるって言ってるからエロっぽいのもやろうよって察男が「『テレフォンランジェリー合戦』という企画はどうだ」と。

掟　なんで政則さんがそんな仕事を（笑）。

政則　俺は仕切れないから、「渡辺、おまえやれよ！」「いや政則さんの番組ですよ！」「いいよ、おまえやれよ」って言って。何かっていうと、女の子と電話でつないで、「いまどんな下着なの？」って聞くわけだよ。

掟　変態ですよ、それ！

政則　変態なんだよ。俺も「お父さんとかお母さんは近くにいないの？」とか聞いて。「いない」って言うと、「じゃあ受話器で乳首叩いてみ？」とか言うわけだよ。そうするとナベが「じゃあパンツをゴシゴシして」とかやるわよ。どうしようもない企画。でも、あるときに番組の一番上のディレクターが、『放送文化』っていう放送業界の人が読む業界紙があるんだけど、「『TOKYOベストヒット』が『放送文化』に載ったよ」って言うんで、「なんか攻撃されてんの？」って言ったら、「いや、『テレフォンランジェリー合戦』というのを聴いてみたが、ラジオというメディアを有効に使って聴き手をくすぐる」って書いてて、バカヤローふざけんなよ！　なんでこんな誉められ方するんだよ！

吉田・掟　ダハハハハ！

政則　そのうちに、俺の金曜日がまず吉田照美を抜いてニッポン放送が1位になったわけ。照美さんにそのあと会って聞いたら、「俺の番組そのものが弱りかけていた。何か変えなきゃいけないんだけど変えようがなくてモタモタしてるうちに政則の番組に抜かれちゃった」って言ってた。そのときにさらにレーティングをキープしようということで人の入れ替えをすることになって、おニャン子クラブを入れることになったの。

吉田　当時、人気絶頂でしたからね。

政則　でも、俺は大反対したんだよ、「コント赤信号とかおりどうすんの？」「替える」と。せっかくレーティングで勝ったばっかりで足場を固めるときなのに。「それで伊藤、大事なことがあるんだよ。おまえも向こうに出ることになったんだよ」「向こうってどこですか？」「『夕やけニャンニャン』に」。

掟　そういうことだったんですね！

政則　そうだよ。「え、ラジオの告知？」「いや、レギュラーで」「ちょっと待って、レギュラー？　あんな番組出れないでしょ」って言ったんだけど、そうこうしてるうちに全部決められちゃって。いま共同テレビジョンの社長の港（浩一）さんっていうんだけど、『夕ニャン』のプロデューサーのひとりだったの。港さんに「政則さんの好きなようにやってください」って言われて。「でも俺、何もないよ」って言ったら、「1週目はメタルでいきましょう！」って言われて。

掟　えーっ⁉

政則　それで、「誰も知らなかったヘビメタ」とかいうコーナータイトルになって。第1回目がロンドンブーツの高さを初心者、中級、上級って俺がロンブーを持って解説するの。でも俺、バラエティ番組やりたくて来てるわけじゃないから。それで4回とか5回やって、「俺これできませんよ」って港さんに言ったら、「わかりました！　新しい企画考えますから」って翌週の水曜日に行ったら、「私リカちゃん」っていうコーナーで。

吉田　立見里歌の企画になって（笑）。

政則　俺が立見里歌に「オーストラリアの首都はどこ？」とか言って。10秒以内に何か答えなきゃいけないから、立見が「北京！」とか言うと会場がワーッとなるわけ。俺そんなのもやらされてたんだよ！　立見は『TOKYOベストヒット』のレギュラーで、すげえいい子だったの。でも、立見に言われたことあるよ、「セイさんの私とかを見る目がいやらしい！」って。「待て、それ生放送で言うな！　ふざけんなよ」って。結局フジサンケイとそうやってねんごろになっちゃって。

吉田　秋元康さんが政則さんのことを気に入ってたって説も聞いたことありますけどね。

政則　あるときニッポン放送のスタジオに秋元さんから連絡があって、「ちょっとお願いがあるんだよ。こないだから政則さん、『やぶさかじゃない』って連呼してるでしょ。あれおもしろいから次のとんねるずの曲にもらっていいかなあ？」って言うから、「いやもらうも何も」「あれ伊藤さんのネタじゃないの？」「いやネタっつうか、いいですよ」って言って。しばらくしたら「やぶさかでない」って曲が出たもんね。よみうりランドでおニャン子クラブのナントカフェスティバルがあるから司会お願いしますとかもあったな。

吉田　なぜ！

政則　「俺、おニャン子関係ねえじゃん。第一、俺はおニャン子クラブのジャンパーもらってないし、ふざけんな！」って言ったら、ポニーキャニオンのヤツが

「たいへん遅くなりました。じゃあこれで司会お願いします」ってジャンパー持ってきて、「それがギャラなのか!」と（笑）。なるべくそういうのは近寄らないようにしてたけど、おもしろいことやりたいから、たとえばミーティングで「フジテレビが今度マラソンの中継をやるけど、絡められない?」なんて来るわけ。それで「42・195時間生放送はどう?」と。当時、銀河スタジオっていうデカいスタジオにDJブース作って、そこで42・195時間、ファンも入れる。24時間やってる証明として、そのスタジオにニッポン放送の各番組の人が来てひと言もらってつないでいく。深夜はどうするかっていったら、じゃあこっちから『オールナイトフジ』に行こう、と。『オールナイトフジ』のスタジオにDJブース作って、松本伊代ちゃんが「政則さんがいま42・195時間ラジオで来てます」なんつって。当時、あまりやりたくないけど違和感なく入ってたね。

掟 やりたくないけど（笑）。

政則 でも、洋楽のところはやりたい放題だったの。ニッポン放送の銀河スタジオにボン・ジョヴィ呼んで当時やってくれたから。100人だけ客入れて。「You Give Love A Bad Name」がヒットしてる頃。そしたらあるとき邦楽の枠で尾崎豊を入れてみようかって言われて、「だってあいつしゃべらないんじゃないの?」って言ったんだけど、「とにかくやってくれ」と。イケるようだったらあいつの番組を作りたかったみたい。

吉田 そのお試しとして番組を使われて。

政則 で、やってみたらもうぜんぜんダメ!

吉田 基本、明るい人らしいんですけど表に出るときはキャラを作ってたんですよね。

政則 おもしろい話で引っ張っていこうとしてもぜんぜんノッてこないんだよ。つまんないからコーナー終わり、みたいな。結局、彼が番組でしゃべることはなかったかな。でも、そういう実験的なことさせるんだよ。たとえば俺がアメリカから帰ってくるのが金曜日の夕方でそのままニッポン放送に入るから、カイロプラクティックとか鍼とか呼んで生放送中に移動の疲れが取れるかどうかの実験やろうぜとか。「じゃあやろう」とかなるんだよ、ニッポン放送も。レーティングで勝ってればね。なんでもやったよ、ホントに。

吉田 当時、ボクらはリアルタイムで観てたから、その刷り込みは大きいんですよ。お茶の間に入り込んでくる政則さんの姿が。

政則　だけど俺、『夕やけニャンニャン』で大事にされてないの。なぜかっていうと水曜日レギュラーで、行ったら誰もいないんだよ。スタジオにセットも組まれてないの。「あれ？　今日なんだよ」って言ったら、後にフジテレビかポニーキャニオンの役員になった水口（昌彦）っていうADが、「あれ？　政則さん今日お休みだって聞いてない？」「誰からだよ、聞いてねえよ！　メンバーどこ行ったんだよ！」「グアム島行きました」「おい、ずいぶん前から決まってる話じゃねえかよ！　なんだよそれ！」「いやすみません！　タクシー券です、これでお帰りください！」って。最低だよ！　ギャラもどうなってるかまったくわからないの。それで1ヶ月ぐらい経ってから港さんに「ギャラどうなってんの？」って言ったら、「あ、ギャラ？　聞いてない」とか言われて。「勘弁してくださいよ！」って。でも小遣い程度だったよ。週に何万円とかじゃない。シビアだったね。

掟　出してやってるみたいな感じで。

政則　結局お金じゃないんだよね。お金じゃなくていいんだけど、俺もなんで『夕やけニャンニャン』出てるのかなーっていう感じ。

吉田　アイドルが好きなわけでもないのに。

政則　ぜんぜん！

掟　その頃、サイン会やると来るのは男の客ばっかりだったって話ですよね。

政則　『夕ニャン』に出てるときに『セーソクの法則』っていう単行本を出して、シンコーでサイン会やったんだよ。そしたら2回だか3回に分けてくれって言われて、なんだよと思いながらやったら全部男で、メタルを知らないおニャン子のファンもやたら多くて。

吉田　『夕ニャン』のレギュラーになって、仕事上のメリットはなかったんですか？

政則　まったくないです！　まったくない！　ただ21世紀の現在、いろんな飯屋とか飲み屋とか行くと、伊藤政則だってわかってるのかなって感じでチラチラ見られて、「伊藤さんですか？」「そうだよ、ロックファンなの？」「いや、『夕ニャン』観てたクチです」っていうのがけっこう多いんだよ。だから影響力はすごかったんだなと思うけどね。

掟　急にモテるようになったりとかは？

政則　ぜんぜんないよ！

有野晋哉の巻

DENCHI-IKA

PROFILE

有野晋哉

1972年2月25日生まれ。大阪府出身。中学、高校の同級生だった濱口優とお笑いコンビよゐこを結成。『めちゃ2イケてるッ!』にレギュラー出演して人気に。現在は『よゐこの○○で○○生活』(YouTube・Nintendo公式チャンネル)、『ゲームセンターCX』(フジテレビワンツーネクスト)、『オレたちゴチャ・まぜっ! ~集まれヤンヤン~』(MBSラジオ)などに出演中。

吉田　この連載はいままで特集の影響は一切受けずにやってきたんですけど、今回初めて特集（有野出演の『ゲームセンターCX』）に巻き込まれました！　この3人が共演するのは2008年の『ギョーカイ騒然！』というDVD以来なんですけど、覚えてますか？

有野　え！　有吉（弘行）くんおったヤツかな？　中身ぜんぜん覚えてないけど（笑）。

吉田　ちなみに有野さんは「グラビアアイドルが危ない」ってテーマで話してましたね。

有野　へー。覚えてないですね、だって危ないとは思ってないから（あっさりと）。

吉田　あのときはグラビアの予算もなくなってきてるみたいな話をしてたんですけど、ボクらの共通点はザックリ言うとアイドル好きみたいな括りになることだと思うんですよ。

有野　ただ、グループアイドルはいまもわからない。グラビアのほうが見てて楽しい。

掟　それは昔から？

有野　この世界に入ってからですかね。『ザ・ベストテン』とか歌番組にまったく興味なかったんですよ。兄ちゃん姉ちゃんがおって、兄ちゃん姉ちゃんは歌番組を観てたけど、そのために僕が観たいアニメとかは観られない。だから観るもんかって漫画読んでた（笑）。

掟　歌番組は敵！

吉田　野球が敵になるのはわかるんですよ。

有野　ああ、野球もそうですね。父が観てた野球とクイズ番組も相撲も敵でしたね。東京に来てから『ホットドッグ・プレス』を読んでたんですよ。クリスマスになったらこういうとこにデートで行くんやとか、7月になったら夏のデートプランみたいなのをずっと見てて。でもあるとき、彼女おらへんのにこれ買ってもあんまり意味ないなと思って。芸人になってるから、俺って芸能界の人と付き合えるよなと思って、アイドル誌『BOMB』で勉強しようと思って買い始めたんですよ。

吉田　最初から教科書を間違ってますよ！

有野　お見合い本として見てたんですよね、誰と出会って誰と付き合おうかなって。チャンスはあるわけじゃないですか。「この子だったら付き合ってもええかなー」みたいな。

掟　業界入りするきっかけが、「コックになるのと芸人だったらどっちが酒井法子と結婚できる確率があると思うか」と濱口（優）さんに言われたって話でしたけど、そこまで酒井法子さんに興味があったわけでもないんですか？

有野　よー知ってるな。のりピー、一番会いたい人でした。でも、入って3年目ぐらいで会えたんです。当時やってたラジオのスタッフに「のりピーいま大阪に来てるけど会う？」って言われて、「はい！」って、飛天って劇場に観劇して楽屋まで。でも、そこで付き合ってくださいって言ったらディレクターは怒るか勧めてくれるかどっちやろって。

吉田　そういうのって、だいたいレギュラーを一緒にやって仲良くなってからですよね。

有野　そうなんですよね。でも、急に言うほうがビックリして「いいですよ」って言うかな、いま付き合ってる人おれへんかったらイケるかもなと思った。アホでしょ。ふられてもラジオで話せるかって。でも、本物見たら全然言われへん。これはレベルが違う！　それから、この辺やったらって『BOMB』を読んで誰と付き合いたいか探し始めて。アホですよね。そしたら「あの頃は不思議ちゃんをしようと思ってたから、マネージャーの車に乗った時点でスイッチ入れてました」って人もおったから、誌面で見てるのが一番かわいいなって、会いたくないなって思い始めるんですよね。

吉田　仕事で直接会うより雑誌がいい？

有野　直接会うよりもぜんぜん。対談の連載を持ってた頃は、毎回誰に会いたいか聞かれて、山田まりやに会いたいって言って。その頃はグラビアも清楚な感じだったからワンピースと麦わら帽子で来るのかなと思ったらヒョウ柄のタイツで来て……。で、「私は胸毛が生えてる男性が好きです！」とか。

吉田　「ハイ消えた！」って感じで（笑）。

有野　うん、なんか思ってた感じじゃなくて、やだやだと思いながら話して（笑）。

吉田　会えば会うほど夢が壊れる（笑）。

有野　だから会わないほうが楽しいなって。グラビアを見てその子の普段を想像してるほうが健全やなって思うようになってて。

吉田　中学高校と楽しい思いもなく悶々としてたりで、こじらせちゃったんですかね？

有野　そうでしょうね。中学のときは女子としゃべるヤツはタラシだって言って無視してたから。テニス部

に入ってる友達が休み時間に、女子と部活の話とかするじゃないですか。それ見つけたら「あいつ女子としゃべってるから昼休み無視しようぜ」って言って。

吉田　そこまで悪いことはしてないですよ！

有野　でも、女子としゃべったらだいたい無視してました。告白されたとか聞くと……嫉妬なんでしょうね。だから僕が告白されたりしたらすっげえ恥ずかしかったですもんね。なのでラブレターも読まずに破いて捨てて。

吉田　……え⁉　意味がわからないですよ！

掟　もったいない……。

有野　「俺こんなん読めへんから」って言って破って捨ててました。失礼ですよね。硬派ぶりたかった。でも高校は共学がいいってことで、そこからガラッと変わって。高校に上がってから女子としゃべるのが楽しくて楽しくてしょうがなかったですね。

掟　高校に入るとバンド活動もしますよね。

有野　よー知ってるな。正確には僕はやってなかったですけど友達がみんなバンド活動してたんです。4バンド程おったのかな。だから、その子らがやってるスタジオについて行ったり。休憩中に楽器ちょっと習ったり。

掟　自分でやっているわけじゃなかった。

有野　バンド活動の付き添いをしてました。歌に興味ないから、ステージに上がるとかも興味なくて。

吉田　歌番組も観ない人だから、バンド的なものへのあこがれもなかったんですか?

有野　そう。「これええで」って言われたのを聴いても、何がええかぜんぜんわからへん。みんなで聴いて、「うわ、これ鳥肌やな!」とか言われても、ぜんぜん立たへんけどな……っていうのはありました。その感情がないんでしょうね、いまもないですもん。

吉田　だから付き合い程度で終わった、と。

有野　ただ、セッションバンドで「ボーカルがおれへんから有野と濱口やる?」って言われてふたりでやったりっていうのはありましたね。その写真が何枚か残ってて。

吉田　バンドをやってたって誤解を生んだ。

有野　そうですそうです。テレビでそんな話をされて、「そんなんじゃないですよ」っていうのも返事として長いから、「やってましたよ」って。返事が面倒くさいから(笑)。

吉田　それぐらい音楽とか歌番組に興味のない人が『BOMB』を読むようになるのは、ちょっと不思議な話ですよね。

有野　でも、若手の頃って金ないけど時間あるから『BOMB』を何度も何度も読む。で、暇やから古本屋で漫画も全巻買って何度も読む。ちょっとお金にゆとりができたらゲームを買い始めて。

吉田　出会いを求めて『BOMB』を読んでた人が、『BOMB』で連載が始まることになるのってどういう思いだったんですか?

有野　ラジオでは「『BOMB』を読んでて、俺のお見合いブックなんだ」って話もして、気持ち悪いって言われてて。である日、読者投稿欄に「有野さん、今月も見てるんですか?」って掲載されたのがあって、そこに編集の「有野さん、よかったら連載します?」ってコメントがついてたから、マネージャーに「これやるって電話して!」って。それで連載が決まった。でも、「対談の連載にします?」とかいろいろ案を言われたんですけど、「会いたくないんです」って。

吉田　「そもそも出会いを求めて読んでたんじゃないんですか?」って話なんですよね。

有野　でも、この人も会いたいこの人も会いたいってなったら、それはそれで担当編集者に気持ち悪がられるのも嫌だなと思って。「この人が会いたがるの短髪の巨乳ばっかりだなあ」とか、好みがバレたら恥ずかしい。会って幻滅したくないし、会いたいアイドルが多いタラシって思われても嫌やし。

掟　じゃあ、もしかして自分の観てるAVの傾向も知られたくないタイプですか？

有野　知られたくないですね。だからレンタルビデオ店に履歴があるって聞いたとき、めちゃくちゃ恥ずかしかった。俺、『麗しのキャンペーンガール』シリーズめっちゃ借りてるのバレてる！　あ……待って、前のほうのページで有野課長でまじめな人の印象つけてると思うんですけどAVの話するの（笑）。

吉田　人間的な幅が出ますからね（笑）。

有野　そうか！　でも、ハマってたときはすげえハマッてましたよ。S-VHSが観られるデッキ買って、ジョグダイヤルでコマ送りできるから、停めてコマ送りで観て、ちょっと戻してまた進めて、「俺何してんの？」と思いながらやってる夜もありました（笑）。グラビアの子と飲みに行くとかもなかった。

吉田　それが目的だったはずなのに。

有野　ただ、当時高1のアイドルがグラビア撮影で海外から帰ってきて、「お腹が減ったから日本食が食べたいです」って言われて、なんの下心もなく「ええよ」って近所でお寿司を食べたらそれが撮られて載って、「ゴメン!!」ってのもあった。撮ってる人がおるのもわかってたんですよ、この人は出版社の人やなって。おっちゃんふたりで来て写真を束で見てるんですけど、一日署長か何かで女の人が座ってる写真あるじゃないですか、ちょっとパンチラが見えてるような。あの写真をすげえ選んでるなと思ってて。絶対出版社でしょ。

吉田　店でそんな写真を選んでたんですか！

有野　うん。偉いほうの人がすげえ酔っ払って、「なんでこの店ホタテねえんだよ！」とか騒いでて、うるさい質の悪い客やなと思って。あれたぶん出版社じゃないかってことで、ふたりで食べてたらややこしそうだから誰か呼ぼうって話になって、もうひとり女の子を呼んでもらって、その子らを送って。翌日「たぶん撮られた。未成年の子やし家まで送るだけの関係」ってマネージャーに伝えたら、それが全部記事になってて、「有野トホホデート」って、見出しになって（笑）。

吉田・掟　ダハハハハ！
有野　それで若い子とご飯行くのもよくないねんなと思って。これって『BOMB』で話せることでもないじゃないですか。読者に申し訳ないし、僕はやっぱりアイドルと会わないほうがいいな、想像してる人のほうが良いと思って。だから目的がなくなっちゃったんですよ、お見合いブックだと思ってたのに。
吉田　それによって、『BOMB』を読む意味も連載する意味もなくなった（笑）。
有野　そうなんですよ（笑）。それでも22年やってるんですよ。楽しいんですけどね。
吉田　有野さんがグループアイドルにまったくハマれなかったのはなぜなんですかね？
有野　歌ですかね。水着じゃないから。
吉田　なるほど。シンプルですね（笑）。
有野　歌は興味ないから（あっさりと）。
掟　身体に興味があるから（笑）。
有野　言い方悪いな。でも「曲ええなあ！」とか「詞がええな！」ってわからへんから。
吉田　いまだにそうなんですか？
有野　いまもそうやで。土曜日のラジオ（MBSラジオ『オレたちゴチャ・まぜっ！』）でCDもらって生放送でかかったりするけど、歌が上手いか下手かもぜんぜんわからない。息長いなーはわかる程度。ずっと聴いて、「あ、いま歌った？」「違います」「そうかー」って（笑）。「これ？」「いや違います。これです」「あああこの声なんやー」っていうぐらい。
掟　それ、曲っていうかクイズですよね。
有野　正解率も低いけどね（笑）。
掟　アイドルの側も、そういう気持ちでCDあげてるわけじゃないんでしょうけど。
有野　ハハハハハハ！　歌詞も見ないです。歌詞カードの字が小さすぎて見えなくて。
掟　そりゃ公式で老眼鏡も出すわっていう。
有野　ホンマやね（笑）。CDの歌詞カードは40代には小さすぎますね。だからCDは興味ないですね。「これ、私が写真大きいヤツです」ってパッケージが違うヤツもらってもぜんぜんうれしくないですね。でも置いてはいるんですよ、サインつきでいただくから。
掟　まあ捨てられないですよね。
有野　そう。でもCDは捨ててるよ。
吉田　……え！！！！！！

掟　……外身だけ残してるんですか？
有野　うん、サインもらってる歌詞カードのヤツ（ブックレット部分）は家に置いてるけど、ディスクケースとCDは捨ててます。
掟　ダハハハハ！　そうなんですか！
吉田　初めて聞きましたよ、そんな人！
有野　アカンの？　それで写真は見れるから。
吉田　ふつう丸ごといらなくて捨てるか、そのまま大事に保管するかのどっちかですよ。
有野　これはサイン書いてもろうたし取っとくかって。曲はパソコンに入れてるし。
掟　置いとくスペースもないですしね。
有野　そう、どんどん増えていくから。でも、なんかあったときに、「あるよ」って。
吉田　ジャケットだけ出して（笑）。
有野　ケースが1個あれば、それ差して持ってればもう持ってる人になるじゃないですか。あ！　……これ怒られるかな？
吉田　いや、これはすごい話だから、ちゃんと書き残したほうがいいと思います。ちょっと衝撃でしたよ。初めて聞くパターンで。
掟　なかなかないですね。
有野　でも、ディスクいらなくないですか？
掟　いやいや。なんかサブスク世代の若者と話してるみたいです（笑）。
有野　「いらなくなーい？」みたいな。
吉田　「あんなのムダでしょ」って（笑）。
有野　パソコンに入れたらもう二度とディスク入れへんしな。だからHDDができてから棚が減りましたね。でもアイドルのDVDはパソコンに入れられへんから。それは溜まっていきます。でも、箱は捨ててますね。
吉田　……え、どういうことですか？
有野　ケースは捨ててDVDの盤とパッケージはソフトケースに入れて。サイン入りのヤツとディスクで50音順に並べてますね。
掟　こまめに整理はしてるんですね。
吉田　DVDはもらったら観るんですか？
有野　もらったら観ますね。なんも考えずにずっと観て。おもしろかったのはオマケ。女の子が「プール入ろう」とか、少ししゃべって移動、音楽が鳴って女の子が動く、が続くんですけど、最後の特典映像、「どうでしたか、この3日間？」みたいなのを、カメラマンではない担当かな、その人の質問に答えていくんです。「楽しいから帰りたくないです！」って女の子が言うと、その人も「僕も帰りたくないなあ」って言うんですよ。これが気持ち悪くてね（笑）。おまえの感想いらんねん！

吉田　そこで冷めますよね（笑）。

有野　冷める！　これ、どうせなら音を消して字幕とかにすればいいのに。

吉田　今日は盤を捨てる話を聞けただけでも収穫で。ボクらは盤が重要だと思っていて。

有野　えぇっ⁉　でも、1回パソコンに入れたらCDで聴かなくないですか？

吉田　データが飛ぶことが多々あるし。

有野　……え、あれ飛ぶのん？

吉田　はい。パソコンが壊れたりとか。

有野　あ、考えたことなかった。

掟　いまよくあるのは、サブスクにあるからいいじゃんと思ってても、何か事件を起こしてその人の曲を聴けなくなるとかもあって。

有野　ほんまや！　歌詞カードしかないわ。

吉田　サブスクは毎年いくらか払うことでアップされてるから、その支払いが止まった瞬間にサブスクから消えちゃうんですよ。

有野　へぇーっ。でも、聴き返すこともないからいいか（あっさりと）。

吉田　ダハハハハ！　もともと曲にそこまでの思い入れがあるわけでもないし（笑）。

有野　グラビアしか思い入れがないし（笑）。

吉田　アイドルにもらったCDの盤とケースはブックレットだけ残して捨てるのに、それでいて思い入れもないのにちゃんとパソコンに取り込んでるのが律儀なんですよね。

有野　ハハハハハハ！　そうかな。聴くことはないのに。でも一応ラジオでもらったとか、もらいもの箱があって、そのなかにアイドルのサイン物が全部入ってるんですよ。

吉田　そこはちゃんとリストで管理！

有野　だからAeLL.とかすげえありますよ。

吉田　篠崎愛さんの。いいグループでした。

有野　AeLL.とかAKBとかいっぱいありますよ。あーっ、これはあんまり言うたらあかんのかもしれないけどＥＸＩＬＥだけはＣＤをパソコンに入れなかった（笑）。
吉田　ダハハハハ！　性別の問題ですか。
有野　その通り（笑）。「聴いてください！」っていただいて、冊子みたいな分厚い本もいただいて。サインもちゃんと全員分小さくサイン書いてくれてるけどこれは……って。
吉田　ちゃんとした人たちですよ！
有野　知ってる！　でも、興味ないねん。
掟　まあ、巨乳なわけでもないし（笑）。
有野　うん、投げずにそっと捨てますけど。
吉田　ジャケは取っといてないんですか？
有野　取らない。話すこともないやろうし。
掟　いろいろルールがありますね（笑）。
有野　あと、写真集は４２０冊越えたから、この人に会うって考えたら持っていってサインもらったりしてた時期もあるんですよ。上戸彩さんに会うって聞いたら写真集を持ってってサインもらったりして。でも、なんか違和感があるんですよ。写真集が出た当時じゃなくて10年ぐらい経ってからだし、この写真の頃のではないからサインもらってもうれしくないって思ったんですよ。だから、そのサインもらう作業も止めました。
吉田　サインって単純に会えた記念じゃないですか。日付まで書いてあるから、この日に会ったんだなって後から思い出せるわけで。
有野　そうなんですよね。見返して、このときにサインもらったなと思うんだけど、やっぱいらんなって。ほしいなと思ってる時期が一番いいんでしょうね。濱口の奥さんの南明奈さんの写真集も２冊あって、「サイン書いてほしい」って本番中に話したけど、持ってってまでもらうほどでもないなって。
吉田　人妻になってからのサインは……。
掟　ちょっと複雑ですね。
有野　そう、ちょっと複雑やんな。失礼やけどそんなにほしくないなって。写真集を出した当時なら絶対ほしいねんけど。だったら、現在の握手会は？　って、そんなに行きたくない。やっぱり会いたくないままなんやろね。
吉田　いまでも幻想を抱きたい側なんですね。距離を置いて、まだ悶々としていたい。
有野　想像の声のトーンが違うと思ったらもう冷め

る。思ったより声低いなって。

掟　曲は聴かないけど声にはこだわる。

有野　思ってるより歌うますぎて嫌になる。

掟　篠崎愛さんはそんな感じでしたね。あの見た目とバランスが取れない、うまい歌で。

有野　歌がすごいうまいんですよね。だから、「……おお、そうか」ってなっちゃうんですよ。思ってたよりもポテンシャルが高くて、応援しがいがないというか。勝手やね。

掟　わかります。歌がヘタだったらもっと売れたのになって思ったりするんですよね。

有野　けっこうテキパキしゃべるんですよね。細川ふみえさんみたいなおっとりしてるイメージだったんだけど、ぜんぜん違って。

掟　まず写真から入るから、声もわからない状態で見てることがほとんどなんですね。

有野　そう、夢いっぱいの頃ですよ！　いろんな情報を知っちゃうから会いたくなくて、写真集でしか見てなかった頃より情報が増えるからサインほしくないのかもしれない。

吉田　いまだに写真集は好きなんですか？

有野　好きですね、いまも買う。想像したい。

掟　こないだデジタル写真集のインタビュー受けてましたね。石田桃香さんのヤツとか。

有野　よー知ってるな。石田桃香さんいいって言って。まだ話してるの見たことないから。

掟　声を知らないのは重要ですね。

有野　重要！　もう出てるのかな？　僕は、まだテレビで観たことないから。

吉田　じゃあ、あんまり売れてもらうと困るんですね。視界に入ってこられると。

有野　そうですね。売れられると嫌だなって。本人もファンも売れるほうがいいんでしょうけどね。だから「この子いいですよ」って勧めるけど、「あの体型がいい」ってツイートしたことがあって、そしたら石田さんから「やっててよかったです！」ってリプ返ってきて、「うわっ……これはいらんねん」って。

吉田　え！　それもダメなんですか？

有野　返信はせんでいい。見られてたらこっちが恥ずかしい、タラシと思われるし。

吉田　中学時代の発想ですよ！　まあ、体型を熱く語ってるとこにコメントされても。

有野　そうですそうです。「ありがとうございます！」って返されても嫌やねん。やっぱり、見てるときってただのファンやから。

掟　でも三次元のほうがいいんですよね。

有野　僕は平面のほうがいいんですけどね。しゃべってる声を聴きたくないんですよね。

吉田　三次元好きなはずなのに、なんとなく二次元フェチに近いと思うんですよね。

有野　ああ、そうですね。声が入ってないぐらいのほうがいいんですよね。しゃべってるとこ興味ないんですよ。アニメ化されて声優が決まって、「うわ、俺が思ってた声じゃないな」って冷めるような感じかな。

掟　バッチリハマることはないんですか？

有野　ほぼないなあ。だから石田桃香さんがどんな声か期待してる感じですね、期待してるけど聞きたくない感じです、難しい。

吉田　いままでハマッたことがないから。

有野　そうですね。熊田曜子さんもハマらなかったですね。このグラビアいいなと思って見てたけど、「あ、そんな声高いんや」って。思ってる色気よりも声が高すぎて。「バラエティ私できる」感出ちゃってる。テキパキしてないぐらいのほうがよかったのになって。

吉田　スキャンダルでイメージが崩れてガッカリしたりすることはあるんですか？

有野　それは相手によるんじゃないですか？　地元の同級生と結婚っていうとよかったなって思うけど、IT社長とってなると、「ナヌ⁉」ってなりますね（笑）。実業家っていったら「もう！」って思ったりする。

吉田　野球選手はセーフですか？

有野　野球選手アウトチェンジですよ！　スポーツ選手もユーチューバーもアウト！

吉田　芸人はどうですか？

有野　芸風による！　永野だったらわかってるやんって思うだろうけど、霜降り明星やったら流行りの子やなって思うかな。

掟　人間の欲望を出されると困るんですね。

有野　だから、ドライバーと結婚した人いるけど、あれは非常に好感度上がりましたね。

吉田　ロケバスの運転手と結婚した新川優愛さんですね。あれは夢があると思います。

有野　でも深く聞くとファッション誌のドライバーだから、「ナヌ?・」って。バラエティちゃうねんやって。

そうかバラエティのドライバーってだいたい歯ないもんなって。太っててグヘグヘ笑うような人が多いから。お相手の写真を見て格好良かったら好感度が下がるのかもしれないです。

吉田　カッコいい人らしいとは聞きました。

有野　そうなんや……そらそうか！

吉田　まあ、さえないロケバスのドライバーとは結婚しないと思いますよ（笑）。

有野　……女子はタラシのほうがいいのんか。

吉田　この歳になっても、テニス部を憎んだ時代から基本変わってないんですね（笑）。

有野　妬む感じが取れないんですよね。

掟　その感情が抜けてないと、娘さんが彼氏なんか連れてきたらたいへんですね。

有野　そう！　でも連れてくる日はたぶん来るんやろうからもう決めてるの。「付き合ってる人がおるから連れてっていい？」って言われたら、「いいよ、じゃあこの日に外で食べようか」って店を決めて、「ここに何時な」って言って、僕はその日に行かないんですよ。

吉田　セッティングだけして（笑）。

有野　電話も一切出ないです。そんな簡単に会えると思うなよって見えないところでプレッシャーかけてやるんです。後日、「ごめんごめん！」ってもう1回セッティングして。

掟　で、またすっぽかす。

有野　そう。で、カミさんにどんな感じやったか聞く。面倒くさいとは言われてるけど。

吉田　そこにも、さっきの職種に対するこだわりみたいなものが反映されますよね。

有野　そうでしょうね、何してる人とか聞くんやろうし。芸人やったらあらゆる手を使ってどんな遊び方をしてる人か見て、プライベートも全部見て、食べていける人になるかどうかまで見て、「やめときなさい」って言うけど、そんなもんで止められるもんでもないのはわかるし、考えると嫌ですよね。

掟　そこでも、情報が増えれば増えるほど嫌いになる要素が増えそうですけどね。

有野　そうなんですよね。自分と合わないところを探しそうで、それで「あいつ合えへんな」って言いたくなるでしょうね。向こうが「僕、このアニメにハマッてたんです」って持ってきても、「何こっちにハマろうと思ってんねん！」って思うかもしれないし。
掟　ハマろうとしてもいいじゃないですか！
有野　いいんですよ。「課長の『ゲームセンターCX』も全部観てるんです！」とか言われても、何をしとんねん働けと思う。
吉田　「『BOMB』が大好きで！」とか。
有野　ハハハハハハ！　何をしとんねん！　何年買っとんねん！「僕も野球好きなんですよ」っていうのは、初めてお邪魔する家庭のよくある話題なんでしょうけど。僕の趣味が偏りすぎてるからそこに当てにきてたらなんかうさんくさく感じるかもしれないですね。だって普通いないでしょ、「『BOMB』を読んでます！」って。おそらく趣味で僕を崩してくるやろうから、ゲームか映画になるんでしょうね。うわ、やっぱり嫌やな。
吉田　『めちゃイケ』を熱く語られたり。
有野　それも嫌。野球やってる者同士やったらキャッチボールとかするんでしょ？　僕で言うと一緒にゲームやるでしょ？
掟　それ、すごく微笑ましい気がしますよ。
有野　僕、負けたらすげえ嫌がりますよ！
吉田　ちなみに『めちゃイケ』のアイドル企画とかはどういうふうに見てたんですか？
有野　あれに出てくるのはグループの子が多かったから。「やべっち寿司」で有野のお勧めのグラビアの子を呼ぶみたいな企画もあったけど、しゃべったときに違うなと思って。お勧めの子を選んで来たはええけど、「うわ違うな、ぜんぜん仕事できへんな」って思ったりすると、こっちはやきもきしてフォローする側に回るから、やっぱり絡みたくないな、遠くで見とくのが丁度良いと思ったから。
吉田　役得なことはほぼなかったんですね。
有野　そうですね。だから別のスタジオにおるとかがちょうどいいのかもしれないです。CSの『よゐこ風呂』っていう番組でグラビアアイドルが夜な夜な山奥の泉に浸かりに来るらしいって泉に見立てたお風呂を用意してて、それがクリアなドラム缶風呂で水着が丸見えなんですけど、それも30分しかない枠にグラビアの子を4人ぐらい入れて、1箇所おもしろければいいか、ぐらいの作り方にして。あれはまたやりたいなー。
吉田　ボク、永野さんのホラー番組に呼ばれて、「芸

能界の怖い話してくださいって言われたとき、「グラビアアイドルの事務所には一部悪質なところがあって、最初からAVに売ると決めていて、名前を売るために活動させることがあるんですよ」みたいな話をしたんですよ。そしたら永野さんがアシスタントのグラビアアイドルの子を「君の事務所は大丈夫？」ってイジッて、女の子が「大丈夫です」って言ってたんですけど、後日その子はAV出身だったことがわかったという。

有野　へぇーっ、それ知らされてなかったんですか？あ、土曜日にやってるラジオにもそういう子いましたよ。ふたりAVに行きましたね。いまもSNSのフォローは外してないし、でも新作のリツイートはできひん。

掟　そのAVは観たくないタイプですか？

有野　写真誌で見て、こんな裸やったんやって思ったけど。AVは観てないですね。「思ったより濃いな」とか思ったら嫌だから。

掟　声だけじゃないんですね、体毛とかも。

有野　うん、思ったより体毛濃いということは、俺は体毛どれくらいか想像してたってことじゃないですか。そういう自分が嫌ですね。チョコチョコ写真誌に出てるのを見てたら、あれ、こういう顔やったけ？と思ったり。
掟　よくありますねえ。
有野　あ、やっぱりあるんですか？
吉田　収入が増えたことで変わったり。
有野　あ、入れていくんや。
掟　もともと入れたかったっていうのもあるんでしょうね。自分に自信がなくて。
有野　そうかー。顔変わってきたな、元のほうがよかったなって思ったりしますね。
掟　よくあります。
有野　どっかで会ったら俺はなんて言えば良いんやろ？「観てるで！」って言ってもあかんじゃないですか（笑）。なんて言えば正解なのか。「頑張ってるなあ」？
吉田　昔、仕事した子がかなり整形したあとで再会して、「私、変わってないですよね」って真っ直ぐ目を見つめて言われたときに、どう答えようか悩んだことありましたけど。
掟　「心はね」って（笑）。
有野　うわ、そんなのもあんねや、困るなあ。「見違えたね」って言ったらあかんの？
吉田　ダハハハハ！　それも有りです！
有野　アイドルでもっと言うと、ここ何年か、リストカット跡がある子を何人か見るけど。
吉田　そうなんですよね。
有野　あ、やっぱりそう？
掟　社会がそういう人に優しくなってきて。
吉田　地下アイドルには相当多いですね。
有野　グラビア見てる範囲ではわからへんかったけど、実際会ったら「あれ？」って。
吉田　昔もグラビアでやってる子はいたんですけど、シュシュで隠したりしてましたね。バンギャがリストバンドするような感じで。
有野　そうか！　隠せるな。
掟　たしかに何か巻きがちですよね。でもいま手首に巻いてる人だけじゃなくて、上のほうまでいっちゃってる人がいるんですよ。
有野　うん、ちょっとビックリする。それやったらそれごと見せるほうが同じような子らの元気になるから、編集で消さんほうがいいのになって思うけど、初めて見る人は気になるか、どうなのかな。コスプレイヤー、オタク系の子らに多い気がするけどね。そうか、世間が寛容になったか。良い世の中やね。

吉田　地下アイドルだと一部メンバーだけあきらかに手首が隠れる衣装になってたりで。

有野　ひとりだけいつも片方長袖みたいな？

掟　両方にするでしょうけどね（笑）。

有野　そうか！　でも、そんなのもあっていいのにね。明るい感じで、「でも、そのおかげでこうなったんだよ」ってところまで話せるんだったらそれを出していいのに、１回の放送ではそこまで出せへんやろうし。チラッと見て僕だけがビックリしてるのかと思ったら、やっぱりおふたりも知ってるんですね。

吉田　もちろん。

掟　特に気になりますから。

有野　あれ、なんでするんですか？

掟　死にたいって気持ちはあるけど本気で死にたいわけじゃないから、とりあえず血が出るとちょっと落ち着くんじゃないですかね。

吉田　激辛のものを食べると苦痛を麻痺させるために脳内麻薬が出るのと一緒で、リスカしても脳内麻薬が出るらしいんですよね。

有野　それサウナでは出ないの？

吉田　サウナでも出ます。

有野　じゃあサウナでええのに！　……あ、話戻るけど、サイン入りのカレンダーもある。

吉田　カレンダーこそ一番かさばりますよ。

有野　30～40本あるかな。邪魔やけど整理はできひん。加藤あいさんとかあの時代のがいっぱいあって。あと堀越のりにカレンダーもらって、「ありがとう！」って言ってビリビリビリッて破いて、「ここいらんわ！」って言って。「きゃー！」って言われた。

吉田　……え、どういうことですか？

有野　１月やったから、表紙にサインもらってたんやけど、「12月いらんわ」って破いて。「なんで破くんですか‼」って言われた。

掟　……それ、本人が見てる前で？

有野　そう。ラジオの現場でもらって、「使うのここからやから。去年の12月いらんし」って言って破いて。「これ持って帰ってくださいよ」「終わったカレンダーやで？」って。「じゃあ７月にサイン書いて」って言って７月に書いてもらって、それは後ほどマネージャーに怒られました、「あれはダメです」って（笑）。

吉田　それはどれくらいガチでやってるんですか？ネタとしてやってるんですか？

有野　ガチです。でも、カレンダーですよ？

掟　ちゃんと貼ります？

有野　貼る！　ちゃんと家でも貼ってたで。多い年は6人貼ってた。リビングふたり、トイレの4面に4人貼ってた。あの年はトイレが全然落ち着かへんかったな〜。うんこしててもおしっこしててもずーっと見られてる。

吉田　CDの話と全部一貫してますね。いらない部分は捨てて当然っていう（笑）。

有野　そうなんです、いらないから。だから僕ゲームはソフトで買うんですよね、ダウンロード版じゃなくて。終わったらあげられるように。さあやろう！　ってときに「データがいっぱいです」って言われたときほど嫌なもんないじゃないですか、これからゲームしたいのに捨てる作業せなあかんのかってなったらすげえ嫌なんですよね。だから、待っててもなるべくソフト版で買うようにしてる。

吉田　ゲームも保存しないであげるタイプ。

有野　そうですね、あげますね。

掟　まあ、CDやDVDと違って、ゲームにサインとかあんまり入れないですからね。

有野　クリエイターと会うこともないし。

掟　やっぱり会わないで済むといいですね。

有野　うん、やっぱそこですね。すげえ怒られるけど。DVDは家に何本あるんですか？

吉田　DVDはそんなにないですよ。CDはとんでもない数になってますけど。

有野　どのジャンルを捨てるの？

吉田　捨てたことないですよ！

高千穂遙の巻

DENCHI-IKA

PROFILE

高千穂遙

1951年生まれ。愛知県名古屋市出身。法政大学在学中にアニメーション企画・制作会社「スタジオぬえ」を設立。1977年にクラッシャージョウシリーズ『連帯惑星ピザンの危機』で作家デビュー。1980年より、ダーティペアシリーズをスタート。SFファンの絶大な支持を得る。最新刊はクラッシャージョウ別巻3『コワルスキーの大冒険』(ハヤカワ文庫)。

吉田　最近の高千穂さんのツイッターの昔話がおもしろくて、そういう話を詳しく聞けたらなと思って取材を組ませていただきました。

高千穂　できればそういうことはやりたくなくてツイッターに書いたんですよ。要するに残すとなるとキチンと調べたりしなくちゃいけないんですけど、ツイッターであれば「知らんけど」で済んじゃうから（笑）。だから、あれは資料ではないと思ったほうがいいですね。

吉田　なるほど。じゃあ、今日改めてその話を聞かれるのは非常に迷惑というか……。

高千穂　資料ではないと思ったほうがいいということですね、ただの記憶で思い出話だから。それを書いていたら、「貴重な資料だ」とか言う人がいるんで困っちゃうんですよ。

吉田　ただ、高千穂さんが歴史的な証人であることは間違いないわけじゃないですか。

高千穂　まあ、そうなんですけどね。だから気軽に書いてるだけなんですけど、それが活字になるとみんな態度が違ってくるんです。

吉田　「これは違うんじゃないか」って。

高千穂　まあ違うかもしれないですよ。

吉田　それくらいのスタンスでお願いします！　スタジオぬえの一員として、歴史的な瞬間をかなり見てきた人だと思うんですよ、日本のアニメが変わっていく瞬間みたいな。

高千穂　そうですね。ただ、当時はそんなにアニメの担当はしてなかったんですよ。

吉田　担当は営業だったんですか？

高千穂　基本的には営業とデザイナーたちとのつなぎですね。デザイナーがいちいち注文を聞いたり細かい打ち合わせをしてたら描く時間がなくなっちゃうんで、代わりに全部話をまとめてくるということですね。たとえば『超電磁ロボ　コン・バトラーV』をやってたとき、アニメってメカデザインと美術は別で、背景は美術担当者がやるんですよ。ウチが契約してるのはメカデザインで、美術はやらないんですよ。ところが監督の長浜（忠夫）さんが「基地をやってくれ。そこをおもしろくして、そこからいろんなギミックで発進できるようにしたい」と。

吉田　つまり、メカの領域みたいな美術の仕事になってくるわけですね。

高千穂　そうすると美術さんのほうでは手に余るんで、ぬえの発想でできないかって言われて、それは美術の仕事でしょって断ったんですよ。「いや、長浜さんが相手なんでこんなことを聞いてくれる人ではない」って言うんで、「じゃあ宮武（一貴）にやる気があるかどうか聞いてみます」って言ったんです。聞けばやるって言うに決まってるんですけど、とりあえずそう言って帰って。で、宮武に「こういうことをやってくれと言ってるんだけど」っていったら宮武が理解してくれない。それで「ワンダバだっ」って叫んだら、「あ、わかった」って発進ステーションとか全部描いて、そのデザインに「ワンダバ」って書いちゃったんですよ。そしたら以降、あれがみんなワンダバになっちゃった。

吉田　あの基地からの発進シークエンスがワンダバと呼ばれるようになったんですね。

高千穂　だから、そういうつなぎの役をやってたわけです。本来それは松崎（健一）の仕事で僕は担当ではなかったんですが、松崎が『宇宙戦艦ヤマト』に入って、『勇者ライディーン』の第2シーズンから長浜さんの仕事をして。

吉田　制作側とデザイナー側の板挟みになるような立場だったってわけですよね。

高千穂　要するに、こっちからそういう点はできないとかわりと勝手なことを言えたんですよね。向こうもあんまりたくさんお金を出してるわけじゃないんで、頼むのはうしろめたいでしょ。とにかく非常にお安い仕事だったんで、無茶言われても困るっていうね。

吉田　そんなに安い仕事だったんですか？

高千穂　そうですね。当時やってた『ひらけ！ポンキッキ』も非常にお安い仕事で、稼ぐには数やらないとどうしようもないわけですよ。いくつかやっちゃうとしわ寄せが出ちゃいますから。アニメは好きですしやりたいっていうのはありましたけど、サンライズのほうも松崎が来ないから、『無敵超人ザンボット3』やるときも会議に出てくれとかいう話になってしまうんで、そっちの分量もどんどん増えていったことは間違いないですね。デザインして1話いくらですから、本数は増えてもいいけどデザイン量が増えたら困るんです。

吉田　どう考えても『ポンキッキ』よりロボットアニメに関わるほうがやりがいはあるんじゃないかと思

うんですけど、どうでした？

高千穂　いやいやいや、『ポンキッキ』は『ポンキッキ』でおもしろいんですよ。それは加藤直之が主にやってたんですけどね。

掟　ちなみに『ポンキッキ』で、スタジオぬえはどのような仕事をされてたんですか？

高千穂　「およげ！たいやきくん」はウチがやったんじゃないんですけど、あれが一番有名なんであえて言うと、あれの絵が動きますよね、ああいうのを作ってたんですよ。

掟　歌の背景として動いてる絵ですね。

高千穂　うしろで操作して動かしてV撮りしてアニメっぽく見せるという、野田（昌宏、本名の野田宏一郎名義でプロデュースを担当）さんはそれを「ポンキーアニメシステム」なんて言ってましたけど。そのほかには後にシナリオを書いたり、『ポンキッキ』が出してる絵本の絵を描いたり、広がっていったんですよね。そっちのほうが助かったことは助かったんですけど、『ポンキッキ』でウチが手掛けたヤツはことごとくコケましたね。

掟　そうだったんですか！

高千穂　そうなんですよ。野田さんが、ウチはＳＦの会社だからそういうものをやってくれって、「宇宙船地球号のマーチ」とか、そういうのばっかりやってたんですけど、ああいうのはぜんぜん人気出ないんですよね。ウチには「たいやき」とか回ってこないんですよ。しょうがない、そういう会社だったんで。野田さんはそういうものがヒットしてほしかったんですけど、でもヒットするのは「いっぽんでもニンジン」とか「たいやき」とかだけになっちゃう。そりゃあ子どもはあっちのほうがいいだろうと思っちゃいますもん。

吉田　そういうのもやりたかったんですか？

高千穂　いや、それはぜんぜんないですよ。「たいやき」が来てたら、「うわ、たいへんだな！」って逆に思ったでしょうね。

吉田　当たればギャラも変わるんですか？

高千穂　いや、1ミリも変わりませんよ。だって「たいやき」を歌った人だって買い切りで1円ももらってないんですから。ただヒットするとあの絵を描いた人だということでほかの仕事が来たりするので。実際「たいやき」の人（田島司）はバレーボールのバボちゃんのデザインをやりましたからね。そういうものがウチにはぜんぜんこない。まあ、それがウチにこられちゃ困るんですけど。ウチはもともとＳＦをやりたくて始めた会社なので、あれでしのいでるうちにＳＦの仕事を見つけてくるっていうのが大前提でしたから。

吉田　そもそもＳＦの仕事がほぼ存在しない時代に道を作ってきた会社なわけですよね。

高千穂　そうなんです、ひとつもなかったんですよ。ただ、とりあえずその間に加藤と宮武はハヤカワのイラストコンテストに応募してカバーを描いたりできたんで。それでテレビの仕事は抜けていったんですけど、アニメのデザインだけはみんな好きだったし、デザイナーのほうがいろいろ力を振るえる。なのでそっちのほうは残ったんですね。

吉田　アニメにどれだけＳＦの種を植えつけていくかみたいな作業だった気がしますね。

高千穂　でも、巨大ロボットものはもう巨大ロボットものという考え方ですから、むしろ逆で。ＳＦのようないろんなことに縛られずに荒唐無稽に好き勝手できる部分があるから、そこがおもしろいところですよね。

掟　ＳＦの場合は科学的な整合性みたいなものがあったほうがいいってことですか？

高千穂　そういうことですね。そこらへんがいろいろぶつかるところなんですよ。『ヤマト』のときもデザインの発注がくるわけですけど、シナリオを読むとなんだこりゃってところがあるわけ。そうするとついつい口出ししちゃうんですよね。宇宙空間で機雷を除去して、それを除去するためにヤマトが傾くんですよ。「このままじゃヤマトがひっくり返る！」ってセリフがあるんだけど、「ひっくり返ればいいじゃねえか」って（笑）。

掟　宇宙に転覆の概念はないですからね。

高千穂　「ひっくり返って何か問題あんのかよ」って。それを言うとそこで初めて向こうも気がついて、「あ！」とか言うわけです。でも絵のほうはもうグラッと揺れたりとか描いちゃって、そこはもう直らないんですよ。僕らはその時点ではデザインやってるだけで、演出の部分までやらないですから。逆に自分たちがやるときはこうしたいっていうのがあって、『クラッシャージョウ』をアニメ化するときは安彦（良和）さんに「ＳＦやるよ、絶対に譲れないところはあるから、そこんところはよろしくね」って作ってもらったんです。

吉田　『ヤマト』の制作サイドも、そういう意見がほしい部分はあったと思うんですよ。

高千穂　それは豊田有恒さんというすごい方がいましたから、そこは豊田さんの領分ですよね。ただ、シナリオにあまりにも初歩的なミスがあるとどうしても言ってきちゃうんですよ。それは僕じゃなくて松崎がですけど。

吉田　高千穂さんが直接関わったのは『さらば宇宙戦艦ヤマト』のときなんですよね。

高千穂　ただ、あれはほんとに契約関係の事務仕事だけですから、ツイッターに書いたとおり交渉以外は何もしてないので。どういうデザインしたとかも一切知らないです。

吉田　若くして、あの西崎義展と交渉するって相当たいへんなことだと思うんですよ。

高千穂　なかなかタフでしたね、あれはね。要はあれも最終的に断っちゃえっていうのがあったからできたんです。友好的にっていう部分が1ミリもなかったんでしょうがない。

吉田　松本零士先生のラフをクリーンアップするだけの契約だったのに、ラフもなくイチからデザインするばかりで、タダでネタ出しもさせられたりだったから、もともと断られるために高値を吹っかけたわけですよね。

高千穂　そう、それが私に課せられた任務だったんですけど惨敗したんで作るハメになってしまったということですね。だって『昭和残侠伝』とかを手掛けた百戦錬磨の吉田達さんが「とんでもねえヤツだ」って言うくらいですから。あの時代の東映で揉まれてきた人が「あかんでした」って頭下げるんですから、私みたいなふつうの人じゃ歯が立つ相手ではないです。ただ、こっちとしてもメリットはあったんで、いまとなってはまあいいんじゃねえの？ってことで書いたんですね。

吉田　西崎さんはどんな印象でした？

高千穂　たしかに契約を守らないとかって部分はあったんですけど、人間的にどうかって言われたらべつに酒飲んだわけでもないし、最初に京王プラザホテルの樹林でお茶飲んだだけで、それ以外には何もしてないんで。ただ向こうがすごい嫌ってたという噂は……

知らんけど（笑）。

吉田　なんで嫌われたんですかね？

高千穂　生意気だったからだと思います。とにかく1ミリも退かなかったという点で嫌だったんでしょうね。でも、こちらはそういう意図があったんで、最初から友好的にやろうとしていれば別のアプローチもあったかもしれないですけど。だいぶあとになってからデザインやった加藤とかにいろいろ言われました。たいへんだったとか、ぜんぜん約束が違うとか。僕自身は無関係なんで、「そうなんだ、へぇー」って言っておしまいですよ。

吉田　ダハハハハ！　ボクもいろんなアニメの関係の方に話を聞くと西崎さんのひどい話が大量に出てくるんですけど、それでも安彦良和さんだけは「西崎さんはおもしろい男だった」みたいな言い方をしてたんですよね。

高千穂　だって、西崎さんはとにかく安彦さんへのリスペクトがすごかったですから。それは『さらば』を観ればわかるわけですよ。アニメって作監がすべての絵を統一してひとつの作品としてキャラをまとめて描くんですよね。でも安彦さんが原動画やったところは「作監といえどもいじるな」って言ったんです。だからあの作品は、途中いきなり安彦さんがやったところだけキャラデザインが変わって全部安彦キャラになる。試写会で観てビックリしましたね、これができるって西崎さんすごいなと思って。作品の統一性、ひとつの作品としての価値とかはどうでもよくて自分の好きな安彦がやったところはそのままやらせようっていう、そんなプロデューサーいませんから。傑出してるなとは思いました。

吉田　人間的には問題あっただろうけど、おもしろいところも確実にあった人なわけで。

高千穂　要するに気に入った人にはこうなんだなっていうのがよくわかる例ですよね。

吉田　ぬえは気に入られてたんですか？

高千穂　まったく。ぬえは松本さんには非常に信頼されてたんですよ。自分のキャラのイメージをゼロからでも作れるところだし、松本さんがぬえとやりたいと言ったら西崎さんといえども拒否はできないってところがあるんですよ。だから最後の最後にこちらがキレたとき、松本さんに頼ったんでしょうね。

吉田　西崎さんとぬえのあいだに松本零士先生が入

ってきて説得されたわけですよね。高千穂さんは当時まだ大学生とかなわけで、その年齢でそのレベルの人たちとやり取りするのって相当たいへんだったと思うんですよ。

高千穂　小松左京から「生意気のタケ」って呼ばれてたぐらいなんで（笑）。「生意気のタケ、ちょっと来い」とか言うんですよ。そのくらい傲慢で傍若無人だったので。わりとその点、それでいってくれと言われたらそのキャラでやるぶんには楽でしたね（笑）。

吉田　あえて営業というか、あいだに入る存在をそういう人にした部分はあるんですかね。厄介な大人相手でも退かないっていう。

高千穂　そうですね、ほかの仕事はクビになりましたからね。松崎がずっとやってたんですよ。僕が『ポンキッキ』だけやってたのは、私がやるとみんなが気を悪くするから。

吉田・掟　ダハハハハ！

高千穂　それで「もうアニメに来ないで」って言われて松崎がやってたんですよ。だから『ライディーン』は相手が長浜さんだったんで、うまく息が合ってよかったです。長浜さんもすごい人だったからね。僕は納谷悟朗さんが好きだったんで、「『コンバトラー』で納谷悟朗さん使ってよ」って言ったんです。そしたら「いいよ」って、ちずるのお父さんの南原博士の役をやったんですよ。ただ観てたらそれがいきなり死んじゃうんです。「なんで死んじゃったの？」って聞いたら、「ケンカしたから」って（笑）。ケンカの理由はちょっと言えませんけど、「アフレコのときケンカしちゃったから殺してやった」って。

掟　人間関係が作品に反映されて（笑）。

高千穂　長浜さんもそういうタイプの人ですから、なんとかうまくいったんですよね。

吉田　高千穂さん、いまはすごい温厚そうに見えるんですけど、いつ頃までそういう「生意気のタケ」モードだったんですか？

高千穂　ええと、40いくつで病気して入院したときにだいぶ反省しましたね。人間、病気するといろいろ人生振り返りますから。永井豪ちゃんからも「高千穂はとんがってたときが一番よかったね」「最近ぜんぜんおもしろくないよ」とか言われちゃって（笑）。

吉田　永井先生はかなり温和な人ですよね。

高千穂　あの人は超人格者ですよ。そういう人とか小松（左京）さんのように豪快で、それでいて細やかな人とか、ああいう人に救われてきたんで。そうでない人とはだいたいぶつかってるんじゃないですかね（笑）。

掟　ペンネームの由来となったのが高千穂明久と永源遙ということですけど、当時はプロレスが相当お好きだったんでしょうか？

高千穂　そうです。プロレス雑誌にも連載を持ってましたし。そこでちょっと全日本プロレスのことを悪く書いたら全日本プロレスから編集部に「あいつクビにしてくれ」って言われて。

吉田　え！　一体何を書いたんですか？

高千穂　たぶん大仁田厚か何かの試合がしょっぱいとか書いたんですよ。

吉田　正解ですよ、ぜんぜん間違ってない。

高千穂　そのあとスキーに行ったとき飲み屋に全日本プロレスのリング屋が来てたんですよ。私が高千穂って聞いたら、「あんたの連載を読んでた、あんたの言うとおりだよ！」「でも、あれでクビになったんだけど」「ホントのこと言ったからだよ」って（笑）。

吉田　作品にハーリー・レイスから何からプロレス的なモチーフを使ってきましたよね。

高千穂　『クラッシャー』もそうですから。

吉田　元ネタはクラッシャー・リソワスキーですね。ちなみに当時はプロレスの仕組みや裏側までわかっていたんですか？

高千穂　そりゃそうですよ、インタビューとかも行きますから。しかも、控室に行くと周りじゅうヤバい人たちばっかりで。

吉田　アウトローだらけの時代（笑）。

掟　まあ、興行の世界ですからね。

高千穂　格闘技界全般そういうところあるんですよ。空手の協会とか太極拳の協会も裏はけっこうヤバいところとつながってたり、ホントにマズいんですよね。だから書けないことが多かった（笑）。『暗黒拳聖伝』を書いたときにニューヨークに行ってニューヨークの空手事情を取材したんですよ。知り合いを通じて空手の先生のところに行って。何日も滞在して取材して書いたら、担当者が来て、「これ真樹日佐夫先生が読んで感心してました」って言われて。だから「フィクションだって言っといてください」って。あれは困った人に読まれたなと思いました（笑）。

吉田　そこで真樹先生とつながる！

高千穂　初めて会ったのはパーティーか何かのときで、紹介されて「お、そうか！　いい体してるな、ウチの道場に来いよ」って言われたんで「遠慮します」って言って（笑）。

吉田　しかし、アメリカの空手事情までちゃんと現地取材してから小説を書いてるんですね。

高千穂　当然です。ＳＦの人間だから一般のことを書くときはちゃんと取材しないとマズいなと思って。競輪を書くときも競輪場に入り浸りですよ。ちゃんと裏も見て、とにかく詳しく話を聞くっていうね。友人と大山茂世界最高師範のところへ取材に行ってました。

吉田　ＵＳＡ大山空手！

高千穂　そうです。その友人はそのままニューヨークに留まって、いま現在は極真のニューヨーク支部長やってます。中国拳法は蘇東成というとてもすごい人を紹介してもらって、蘇老師には非常にお世話になって。そうすると中国拳法の裏とか全部わかりますからね。だから僕が中国拳法を書くと、書評で「中国拳法の教科書のような小説」って書かれてて。そりゃそうだよ、そのまま書いてるんだからっていう（笑）。そういう感じです。

掟　『ダーティペア』がビューティ・ペアに由来してるという話もありましたけど、女子プロレスもご覧になっていたんですか？

高千穂　あれは『銀河辺境シリーズ』っていうのを野田昌宏さんが翻訳されてて、その原作者のバートラム・チャンドラーが日本に来たんですよ。それで歓迎のために女子プロレスを観せたいって言われて、どういう発想だと思ったんですけど、フジテレビが放送してるからいくらでもチケットは手に入るんで。それで、すごくいい席に野田さんとみんなで行って、ウチの会社の女の子ふたりも接待役として一緒に来て、「いまリングの上にいるのはビューティ・ペア、あんたの横にいるのはダーティペアだ」って言ったんですよ。それで、これをこのまま書いちゃえと思って。

掟　そんな由来だったんですね（笑）。

高千穂　ウチの親父は新しいもの好きで、戦後に進駐軍の服を作って以来、朝鮮戦争が終わるまでは羽振りのいいテーラーだったので、昭和27年ぐらいにテレビを買っちゃったんですよ。アメリカ製のを当時25万ぐらい出して。

掟　当時の25万！

高千穂　すごいですよ、あれで土地でも買っといてくれれば私こんなところにいなくて済んだんだけど。僕は昭和26年生まれだから、物心ついたときは目の前にテレビがあって、力道山vs木村戦は家で観てたんです。

吉田　うわ、すげえ!!

掟　街頭テレビじゃない!!　自宅のテレビ!

高千穂　街頭テレビなんて観たことないんですよ、ウチのテレビしか観たことないの。あと、『GORO』って雑誌では極真空手の大山倍達インタビューを2回やらせてもらいました。

吉田　大山総裁はいかがでした?

高千穂　いやあ、おもしろい人でした。すっごいんですよ、とにかく。「得意技は蹴りですか?」って言うと、「僕はね、猿臂が得意なんだよ」って言ってこう肘を振るんですよ。それでブンッて音がするんですよ。ビックリしました。それで原稿にできないことといっぱい言うわけですよ。梶原一騎さんとのこととか、ウィリー・ウイリアムスの実態とか。

吉田　最高じゃないですか!

高千穂　あと『空手バカ一代』の嘘とか。「山ごもりなんかしてねえんだよ」って。

吉田　その時点で言ってたんですか!

高千穂　簡単に言ってました。「じゃあ何してたんですか?」って聞いたら、「警察から逃げてた」って。進駐軍を襲って殴って、しょうがないから山に逃げたって。山に逃げたらやることないから練習したって言ってて。

掟　こもってはいないんですね(笑)。

吉田　当時から正直な人だった(笑)。

高千穂　正直ですよ、最初は進駐軍が女の人を襲ったりしてるから正義感で殴ったんだけど、殴って倒れたらポケットから財布が出てきて、そのまま財布を持ってっちゃったって。

掟　ダメですね(笑)。

吉田　いちいち正直な人だ(笑)。

高千穂　ホントに書けないですからね。

吉田　いまならセーフですよ!

高千穂　当時は、それを書ける雰囲気はなかったですね。

掟　総裁は「好きに書いちゃっていいよー」ぐらいの感じだったんですかね?

高千穂　総裁は僕に言ったぐらいだからたぶん誰にでも言ってて、でも誰も書いてなかったってことなんでしょうね。まあ、そういうのは生きてるうちは誰も書けないですよね。

吉田　高千穂さんは取材しているうちに、いろんなものの裏も見てきたわけですね。

高千穂　だからあの中国武術漫画の原作やってた某Mさん！　彼の真実とか、いっぱい知ってる。あれは……（あまりにも面白すぎる話なんですが、物騒すぎるので自粛）。

吉田　これはツイッターでも書けないヤツですね……。そりゃあツイッターはなるべく飼い猫の投稿したほうがいいなってなると思いますよ。

高千穂　あのアカウントもともと猫用なんで。最近は猫のこと書いてないんで、昔話もいいんじゃないかなと思ってちょっと書いたんですけど。

吉田　最高ですよ！　読みたいですもん。

高千穂　書いてないこともたくさんあるんで。書ける範囲であれですから。

吉田　ああいうの読んでて思うのが、アニメがいかに短期間で進化したかってことなんですよね。『ライディーン』や『コン・バトラー』から『ガンダム』までのあいだって、ほんの数年だったりするじゃないですか。

高千穂　そうですね。『ガンダム』への長浜さんのライバル視ってすごくて。『ガンダム』を作り始めたとき、「どういう作り方してるんだろう?」ってすっごい気にしてたんですね。スタジオで『ガンダム』の試写やったとき、隅っこに長浜さん来て観てるんですよ。どういう反応するのかなと思ったら、「よしわかった！」ってすぐ出て行って。

吉田　何かがわかった。

高千穂　何がわかったのかいまだに謎ですけどね。そういうのを見て長浜さんも、じゃあ俺はこういうふうにやろうって部分は強かったと思いますよ。そのへんのライバル心はおもしろかったね。逆に富野（由悠季）さんはある意味おおらかで、ホントにロボットものはプロレスでいいと思ってたの。だから僕がいたときに、「あんたプロレスファンだよな?　すまんけどプロレス技を全部一覧表にして持ってきてくれ」って言うわけですよ。ブレーンバスターとかボディスラムとか全部書いて、「どうすんだ?」って聞いたら、「これを仕事場の机の上に貼っといたらいろいろひらめくから」って。富野さんはホントにアニメの人で、小説『ガンダム』の話をツイッターで書こうかどうかまだ悩んでるんですけど……。

吉田 お、気になる！

高千穂 そのうち書きますよ。でも僕は『ガンダム』にはぜんぜん関わってないので。最初にサンライズ側から「なんかおもろいネタない？」「じゃあ『宇宙の戦士』でも読め」と言ったぐらいの話でね、それ以上のことは何もしてない。松崎は松崎で富野さんに「『宇宙の戦士』を読め」って言ってたらしいですからね。

吉田 結果、その『ガンダム』によって日本のロボットアニメが大きく変わっていったわけで。当時アニメに関わって、小説家の仕事にプラスになったことはあったんですか？

高千穂 ……人間をいろいろ見られたのでよかったです（笑）。小説は人間をいっぱい書きますから、いろんな人間を見ないと。こんな人間いるんだっていうのは重要ですから。

吉田 いろんな一筋縄ではいかない人たちを見ておいたのがよかったわけですね。

高千穂 それはもうすごい参考になりますよね。西崎さんも、僕が知ってる西崎さんはほんの少しだから、当時虫プロにいた人たちから聞いた虫プロ当時の西崎さんの話を誰かが暴露したらたいへんなことになりますよ（笑）。

吉田 西崎さんのノンフィクション本（牧村康正＆山田哲久『「宇宙戦艦ヤマト」をつくった男 西崎義展の狂気』／講談社）も相当おもしろかったですけど、あれだけじゃないわけですよね。

高千穂 あんなもんじゃないですよ！ あれは誰も書いてないですからね、ヤバすぎて。

吉田 ボクも取材したくて晩年何度かオファーしたんですけど全部ダメだったんですよ。

高千穂 本人はそんなこと言わないでしょ。いろいろやられた人に聞かないと（笑）。でも、もうみなさん亡くなられちゃったんで。

吉田 そうなんですよ。少しでも知ってる人たちの証言を集めておかないとと思って。

高千穂 私は……言わないです（笑）。

茨城清志の巻

DENCHI-IKA

PROFILE

茨城清志

1970年から『月刊プロレス＆ボクシング』（ベースボールマガジン社）に在籍。渡米してフリーのプロレス記者として活動。帰国後、ジャパン女子の旗揚げ、全日本女子、FMW旗揚げに携わり、取材する側からされる側となる。1991年にFMWを離脱して世界格闘技連合W★INGの旗揚げに参加。分裂後、W★ING（ウイング）プロモーションを設立する。過激なデスマッチ路線がコアなマニア層から絶大な支持を得るも、団体は1994年に経営危機から自然消滅。その後もW★INGは復活と休止を繰り返している。W★INGの懐かしい試合映像やW★ING所縁の人たちによる思い出話などが楽しめるYouTube「W★INGチャンネル」を毎週金曜日に更新中。

吉田　今日は伝説のデスマッチプロレス団体・W★INGの茨城代表に会うため長野まで来ました！　素朴な疑問ですけど、W★INGはいまも伝説でグッズも売れ続けてるのに、なんで関係者の誰もが儲からなかったんですかね？

茨城　そのときはあんまり考えなかったですけど、いま振り返ると外人が多すぎでしたよね。

吉田　外国人選手を呼ぶ経費を遣いすぎた。

茨城　うん。日本人が少なかったり、これという選手がいなかったりもあるんですけど。

吉田　そもそも、茨城さんに経費みたいな発想が最初からなかったんじゃないですか？　キャリアとしては70年にベースボールマガジン社の『月刊プロレス&ボクシング』編集部に入ったことから始まってるんですよね。

茨城　70年3月ですね。その後、俺はアメリカに行って、東スポの特派員に、ベースボールマガジンや『ゴング』と、手広くやっていましたね（笑）。そのあと日本に帰ってきて、仕事しないわけにはいかないということで、ジャパン女子プロレスに入ったんですけど、そのときグラン浜田がコーチだったんですよ。

吉田　大仁田（厚）さんが茨城さんの家に住もうとしたのはもう少しあとですか。

茨城　それはF（MW）の旗揚げ当時、大仁田に言われたんですよ、「イバちゃんところに住ませてくれない？」って。勘弁してくれ、と（笑）。大仁田がジャパン女子のコーチになったのは俺がやめてからですね。俺はジャパン女子を辞めて、そのあと全女に行ったんですけど、しばらくしてそっちも辞めて、その後、フリーでジャパン女子のブッキングを手伝ってたんです。その頃、ジャパン女子のコーチをしていた大仁田と知り合って。大仁田も金がなくて住所不定みたいな感じだったんですよね。いろんな話してて、プロレスやりたいんだってことから、ふたりでFが始まったんですよ。そういえば、その頃のジャパンの仕事でも俺はけっこう取りっぱぐれてますね。

吉田　つまり記者時代はまだよかったけども、団体に関わり始めた途端にもうお金はあまり取れてなかったってことなんですかね。

茨城　いや記者時代でも、たとえば『ビッグレスラー』って請負で出版元は別なんですよ。で、俺ドイツとか行って写真を撮ってもまったくギャラが出ないんです。それで代表のところに行くとパッと逃げちゃうんですよ。だからけっこう取りっぱぐれありますよ。

吉田　じゃあ、プロレスは好きだったけど最初から儲からないものみたいな認識のままで。

茨城　いや、好きで入ったんでそれはあんまり気にしなかったですよね。新日本も別会社で一時、女子プロをやるって話があって。当時テレビマッチを主体としたGLOWという団体がラスベガスにあったんですよ。そこと提携してやるとかって話が新日本の別会社であって、向こうで大筋を決めて帰ってきたら、担当者がもう辞めちゃったとかで。

吉田　お金は出ません、と。

茨城　そんなのホント多いんですよ（笑）。

吉田　その後、茨城さんは時間とお金にルーズな人みたいなイメージがつきましたよね。

茨城　俺はべつにそれを否定するわけでもないし、そりゃ名誉的なものではなんか言えるんだろうけど面倒くさいじゃないですか。

吉田　そもそも業界自体がルーズなんだ、と。

茨城　俺も人と会うときは時間どおりに行ってるんですけど、そういうイメージがあるらしいんですよね。ホントに遅れたのは記者時代、『ゴング』の竹内宏介さんが辞めるって話があって、いつも会ってる新宿の喫茶店で待ち合わせして。「自分が辞めるんでおまえが『ゴング』をやれ」って話だったらしいんですよ。そのときに限って俺が何かの交通事情で遅れて、またそこの喫茶店が臨時休業で結局会わずじまいになって。もしそのとき会えてたら俺は『ゴング』に入ってたかもしれないです。だからちょっとしたタイミングでいろいろありますよね。

吉田　運命のいたずらに翻弄されまくって。

茨城　ジャパンだって俺がいたのは1年足らずだったけど、事務所で赤紙を貼られたりしてましたから。それぐらい内部がゴチャゴチャしてたんで辞めて、ちょうど小川宏さんという人に声をかけられたんで全女に行って。そのとき、「ジャパンでいくらもらってる？」って言われたから正直に「いくらです」って言ったら給料がまったく同じ金額でした。もうちょっと盛っておけばよかったんですけど（笑）。ジャパンの旗揚げが86年で、翌年の正月くらいに俺は辞めて、外人はアメリカからは俺が呼んでメキシコ系列は浜田が呼んでたんですよね。まずはシェリー・マーテルとか呼んで、1月にデスピナ・マンタガスを呼ぶ予定だったんです。

掟　当時のターザン後藤夫人ですね。

茨城　でも俺が辞めて責任上キャンセルして、結局Fの初めに誰か呼ぼうってときターザン後藤って話になって、俺が連絡先を知ってるってところから始まったんです。でも、俺だって特別金を持ってるわけじゃないし、ニタ（大仁田）も持ってない（笑）。ふつうの人が聞けばわかると思うんですけど、資本金5万円で会社ができるわけないじゃないですか。

吉田　それを売りにはしていたけど（笑）。

茨城　当時、電話の債権でさえ7万5000円とかしましたからね。だからよくわかんないけどニタの口車にうまく乗っちゃって。で、思った以上にお客さんが入ったから、初めはニタも低姿勢だったのがだんだん変わってきて。まあ人間だからね。亡くなった荒井（昌一）にしても他のスタッフも給料10万で俺も10万で。過去最低の賃金ですよ（笑）。それでもべつにいいわけですよ、そのうちよくなればばっていうことで。でも、もうちょっとは……それを言葉として出してなかったからわかんなかったのかもしれないですけど。

掟　10万円じゃ食っていけないですよね。

茨城　だって当時の家賃が13万ですから。

吉田　その時点でもう赤字（笑）。つまり、ジャパン女子〜全女〜初期FMWという流れで、ちゃんとした経営とか見たことないままだったわけですよね。

茨城　ああ、その流れですからね（笑）。そりゃ儲かるに越したことはないけども。ただし俺はゆくゆく映像っていうのが売れるんじゃないかと思って、ビデオをやらせろってことでニタに話を通したんですよ。

吉田　足りない分をそれで補填しよう、と。

茨城　それはこっちサイドが全額出して作ってるから、カメラ2台で撮影して、スタジオを借りて編集して100万ぐらいかかったんですよ。そのビデオをニタが観てたら「制作著作ミラクル」って当時俺が適当につけて社名が出てきて、「なんだこれは！　FMWじゃないのか！」ってことになったんですって。でも、それ初めから言ってあるんですよ。当時のビデオの購入方法は現金書留だからFの住所に現金書留が送られてくる。その収益から10パーセントを会社に納めてたんですよ。それを忘れてたんですかね。

吉田　直接文句は言われたんですか？

茨城　事務所ではそうやって怒鳴ったものの自分には言ってこないんで、荒井に電話させるんですね。「ちょっと大仁田さんに替わります」って言って、ニタが「明日来いよ」。で、次の日行くと怒ってないんですよね。その後、ＢＭＧビクターが素材を貸してくれ、そしたらいくらか払うからって話がきて。俺も金に対して執着があったらＢＭＧビクターと契約したんだけど、ニタを通したからいまだに1円もきません（笑）。

吉田　ダハハハハ！「あいつが勝手に儲けてやがるから」って発想なんでしょうね。

茨城　そしたらニタの運転手っていうか一緒にいた大宝（拓治）が、「茨城を切るとか切らないとか言ってますよ」と言ってきて。俺はべつに肩書も役職もいらないし、よくなったらっていう気持ちでいたのに。それを聞いてなければFを辞めてなかっただろうし、ましてやＷ★ＩＮＧなんて団体も興さなかっただろうし。そもそも自分は一番上で長でやるような器じゃないのはわかってるから。

吉田　目立ちたがる人じゃないですもんね。

茨城　嫌ですよ、リングに上がったことないですもん。Ｗ★ＩＮＧのときはセレモニーで挨拶するのも選手にやらせて。俺はこっぱずかしくてダメなんですよ。W★INGを始めるきっかけは、渋谷を歩いてたら東急文化会館、いまは渋谷ヒカリエになってるあのあたりで偶然、大迫和義と会って。

吉田 FMWの最初の社長ですよね。

茨城 ニタがあの人を引っ張ってきたんですよ。あの人も最終的にはニタとお金のことで揉めたんじゃないですか？　初めは西馬込にFの事務所があって、金が入ってきて五反田に移って会社もよくなったはずなんだけど、給料はぜんぜん増えなくて（笑）。

吉田 そんなのばっかりじゃないですか。

茨城 そういうことがあったら人間不信になるのかもしれないけど、俺はあんまり考えないんで（笑）。

吉田 期待もしてないんでしょうね。

茨城 うん。何年か前にクエストからFMWのDVDを出したときに、それもニタが人を介して「よこせ」と。「関係ないだろ、初めに払ってんじゃねえかって突っぱねればいいよ」って周りには言われたけど、クエストの社長が「俺がやるから」ってお金を渡してるんですよ。よく言えるなと思いましたけど。そのあと俺、偶然ニタと会ったんです。「おお！」ってこっちから言ってやったら何もないような感じで、会えばふつうなんですよ。

吉田 つまり、W★INGにしても自分が代表をやる気は一切なかったわけですよね？

茨城 ないですないです。それでFがよくなってきたら大迫も辞めて、そしたら偶然渋谷で大迫に会って、「あんたが代表なら団体やってもいい」って言ったところから始まって。それで世界格闘技連合W★INGを旗揚げして。

吉田 ところが、大迫さんはプロレスを理解していない人だったって噂を聞きました。

茨城 ああ、理解してないですね。

吉田 だから格闘技路線をやりたがって。

茨城 喫茶店に呼ばれて格闘技でやりたいって言うから名前こそ世界格闘技連合でやったけど、あのとき選手を集めたのも、金を出したのも俺で、あの人は一銭も入れてないんですよ。

吉田 けっこうなお金を出してるんですよね。

茨城 ８００万ぐらいですかね。それ以外でも何かのときは持っていくじゃないですか。そこから全女から借りたリング代とか金網代とか全部で１０００万オーバーじゃないかな。
吉田　当時よくそんなお金ありましたね。
茨城　ジャパンに入る前に海外にいるとき、ベースボールマガジンと『ゴング』の仕事を両方、他もチョコチョコやってて日本円にすると年間、1000万強もらってたんですよね。
吉田　どう考えたってその仕事を続けてたほうが金銭的にはよかったじゃないですか？
茨城　そうですよね。ただ、たいへんはたいへんだったんですよ。たとえば月曜日がメンフィス、火曜日はタンパ、水曜日はマイアミビーチ、木曜日はカンザスシティ、金曜日はいろいろでダラスとかヒューストンとかセントルイスとか違って、土曜日はブロディが刺されたプエルトリコのバイヤモンのホワン・ラモン・ロブリエル・スタジアムとかよく行ってましたね。毎日違う会場を回って、1本いくらみたいな感じで。しかも東スポと『ゴング』のつながりがあったんで、知らない間に俺が撮った写真を貸し出ししてて、俺には一切入らなかったり。たとえばアマリロの郊外でやった天龍（源一郎）のデビュー戦、取材に行ったの俺ひとりだけだったんですけど、『Gスピリッツ』とか見てると自分で撮った写真が東スポ経由でけっこう出てますよ、まったく連絡ないですけど。
吉田　その後、W★INGは大迫派と分裂したことで茨城さんのW★INGプロモーションが誕生し、茨城さんの資金がすべて飛ぶくらいの状態になるわけですけど、興行で黒字を出そうとしてる感じがまったく見えてこないんですよね（笑）。
茨城　お金を稼ぐためってていうよりも、なんかそういうことが楽しかったのかな。自然の流れでやってて、途中でやめたっていうわけにいかないじゃないですか。だから一番上ではやりたくないけど、しょうがないんで。
掟　赤字が増えていったのは、地方にお客さん入らなかったのが大きかったんですか？
茨城　入ったり入らなかったりでしたけど。あと興行師からの取りっぱぐれ。結局、そういうのって裁判やっても取れないですから。
吉田　茨城さんが取りっぱぐれてるからお金も払えなくなっていくっていう構造なんですね。
茨城　営業がちゃんと取ってくれれば問題ないんだけど。あとはもうちょい外人を減らせば違ったんでしょうけど。あんまり執着心がなかったせいか、ビクター・キニョネスがグッズを作ってきても、ふつうだと何パーセントとか取るんだけど、一切取らなかった。取らないどころか後楽園の物販のテーブル5000円とかもこっちで用意してやって。いちいちじっと見てるわけじゃないから、選手がビデオとか持ってっちゃってもわかんないんですよ。ちゃんと管理して、社員が置いて数勘定させてやってたらまた違ったんでしょけど。いまになって俺がグッズ販売やってね（笑）。

吉田　W★INGの通販やってますよね。

掟　いいデザインで買う気になりましたよ。

茨城　買ってください！

吉田　買いましたよ！　そして、自分のグッズを出された松永光弘さんが文句を言って。

茨城　そうそうそう。松永は「勝手にやってる」って文句言うかもしれないし、たしかにそうかもしれないけども、松永はW★INGのタオルを勝手に作って売ってたんですよ。やっぱり過去のことは忘れちゃうんですよね。

吉田　そこは持ちつ持たれつというか。

茨城　お互いに作ったものに関しては一切文句なしでいいじゃんって思うんだけどね。

吉田　ポーゴさんも生前、W★ING時代のTシャツを勝手に再発してましたもんね（笑）。

茨城　ぜんぜんいいし、それで何十万も何百万も儲かるわけじゃないんで。だけど、意外と売れてると思ってるんじゃないですか？　あのときのW★INGって日本人で知名度あったのは関川（哲夫＝ミスター・ポーゴ）だけですもんね。もともとニタに関川を紹介したの俺ですから。ちょうどターザン後藤ぐらいしか相手がなかったんで。でも、関川はウチでやってたほうがよかったと思うんですよね。

掟　W★INGで輝きましたもんね。

茨城　関川は、やっぱり火を吹くときもニタに遠慮しちゃうんですよね、写真見ても完全にわかりますよ。松永に火をかけたりするときみたいな、あんなことはやれないから。

吉田　松永さんには一切遠慮もない（笑）。

掟　ポーゴさん、リング降りたときには「大仁田さん」って呼んでたって話ですからね。

茨城　関川も後の邪道外道にしろ、一応俺には辞める前に言ってるんですよ。言わなかったのは松永ぐらい。それで表立って常識的なことは言えないだろって思うんですけどね。

吉田　ここの確執は根深いですね……。

茨城　名古屋方面で興行やって、何日か空いて後楽園だったのかな。名古屋に残るって言うんで、「じゃあ何日後に」ってことで別れたんですよ。でも、それっきりで。言えば前もってある程度できたのに。でも、裁判沙汰にするのも嫌じゃないですか。邪道外道は辞めるって言ってはいたけど、「この日までは上がるなよ」っていうのにWARに上がっちゃって、すぐ天龍に電話したんですよ。だから形としてはW★INGにワンマッチで最後出てきて、「ギャラ払わないよ」って言って。そういうふうに一応みんな形としては……。

吉田　それなりに筋は通して。

茨城　やってきてるんだけどもね。

吉田　茨城さんって実はちゃんとしたプロレスが好きだから、松永さんはプロレスの技術的な部分で評価が低かったのかなと思って。

茨城　本来はそうなんですよね。子どものときに力道山から観てきてるんでそういうのが好きなんですけど、同じものはできないじゃないですか、資金的にも。だからW★INGはああいう団体になって、松永もディック・マードックとシングルでやらせたりして、それで本人わかったかどうかわからないですけど、本来はある程度いろんなタイプとできないと。関川だったらもう少しね。新日本をすぐに辞めてアメリカにひとりで行って、右も左もわからないところで20年近くやってきた関川っていうのはすごいと思うんですよ。あるところではトップを張って。カンサスでブルーザー・ブロディとメインやったり、アマリロでテリー・ファンクとやったりね、すごいですよ。

掟　ポーゴさんプロレスうまいですよね。

茨城　でも一番輝いてたというか、自分が好きにやれてたのはW★INGだったと思うし、松永さんが一番輝いたのもW★INGじゃないかって。

吉田　ホント不思議ですよ、松永さんも、ポーゴさんもそうだと思うし。不思議な団体です。

茨城　へへへへ。ありがとうございます。

吉田　W★INGが始まって早々、これはお金回らないぞって気付くわけじゃないですか。

茨城　初めのうちはまだあったんでそんなに焦りはないですけど、通常のシリーズではたぶんウチがミル・マスカラスには一番高いギャランティを払ってたと思います。ファーストクラスで呼んで、さらに1万ドルぐらい乗せてたんじゃないかな、ワンマッチで。他にも外人呼んでるわけだから、その大会に限ってはもともと儲かるとは思ってなかったですね。

吉田 マスカラスだけで100万円以上？

茨城 マスカラスは飛行機代と滞在費も含めると200万ぐらいかかってるから。仮面貴族なんですけど仮面貴族じゃないんですよ。2回呼んでるんですけど領収書持ってこないわけよ。2度目はそろそろ着くかなと思って迎えに行ったらマスカラスの嫁さん日本人なんですけど、嫁さんだけなんですよ。「え、どうしたの？」って言ったら、「赤坂東急に行っちゃった」って言うんですよ。日プロのときに定宿だったみたいで。ウチが取ってるのは池袋のメトロポリタンなんで、しょうがないから赤坂東急に電話して「こういう人が行くけど断ってくれ」と。で、領収書って言ったら面倒くさそうにしてて。その2回とも領収書持ってこなくて。当時は飛行機の名簿が見られたんですよね。名前がないんですよ。

吉田 名簿にマスカラスの本名が。

茨城 たぶんエコノミーに乗って差額をアレしたかですね、もしくはマイレージだったのかな。仮面貴族じゃないんですよ。

吉田 結局、茨城さんの欲や計算のなさがW★INGのおもしろさにつながってたのかもしれないですよね。経費をかけ過ぎてるからこそおもしろくなった部分もあるだろうし。

掟 あの当時、ザ・ヘッドハンターズ（プエルトリコの巨体双子タッグ）のふたりは茨城さんの家に住んでたんですよね。

茨城 住んでたっていうか、シリーズとシリーズのあいだが短いときだったと思いますけどね。じゃれ合って、俺が勝ちましたよ。

吉田 自宅でスパーリングやって（笑）。

掟 ヘッドハンターズがいなかったら松永さんのバルコニーダイブだって、実際あれ受ける人のほうがたいへんだと思うんですよ。

茨城 そうです。あいつらじゃないと無理ですよ。でも、そういうのを本人はわかってないんじゃないかなと思うんですよね……。

吉田 W★INGはよく開演時間が遅くなるとか言

われてて、あれも茨城さんが時間にルーズなせいみたいな言われ方してましたよね？

茨城　簡単なんですよ。もう開演時間わかってるじゃないですか。それなのに選手がグズグズグズグズやってるんですよ。終わったあとも、特に後楽園ホールなんかは夜10時過ぎるとあっという間に5万、10万と延長料金がかかるわけですよ。こっちはそのお金を払ってるのに、関川がシャワー浴びて着替えて出るまで遅いんですよ。終わったあとにまた忘れものないかとかいろんなことチェックしてそれから出るから、ホントたいへんで。

吉田　結果、後楽園に罰金を払い続けて。

茨城　当時からちゃんとチェックすればよかったなと思うのは椅子ですよね。場外乱闘とかで壊したら1脚5000円なんですよ。俺、調べに行ったことあるんですけど、壊れたって言っても使えるのいっぱいあるんですよ。

吉田　でも、壊れたってことで弁償して。

茨城　そう。だからトータルしたらあれもけっこうな金額になってると思うんですよね。

吉田　単純に壊れた椅子にサイン入れて売ったらファンは買うのにって思ってました。

掟　ジプシー・ジョーが殴られた椅子！

茨城　……そんなアイディアはなかったですね、あのときあればよかったんですけど。

吉田　みんな喜んで持って帰りますよ！

茨城　もうちょっとまじめに本腰入れてマーケットを考えてれば多少は延命したかもしれないけど。でも、いま考えるとよくやったよな、会場費だけでも後楽園1回100万ぐらいかかりますからね。最後、W★INGが終わって選手がIWA JAPANに移ってとき、あれは本来、俺も行くって話だったんですよ。だけど、俺は面倒くせえからいいやと思って。

吉田　聞けば聞くほど茨城さんのこのラフな感じがW★INGにプラスだった気がします。大仁田さんとは違って『週プロ』の記事にクレーム入れることもなかったと聞きました。

茨城　ああ、ニタはだいぶやってたみたいですね。だって言ったところでしょうがないですよね。あの当時、他の団体のことも全然気にしてなかったんですよ。ニタは気にしてたらしいですけどね、まったくなかったです。

掟　ＦＭＷを潰すとかそんな気持ちもなく。

茨城　まったくない！　もっと俺が大仁田厚みたいに執着があれば違ったかもしれないですけどね。ニタみたいに、あっちがファイヤーデスマッチをやる前にウチがファイヤーデスマッチやってやるとか、そんなのまったく思ってない。だから失敗しちゃう（笑）。

掟　でも茨城さん、何度もまたＷ★ＩＮＧをやろうという気持ちになっちゃうじゃないですか。ある人が、「ＹｏｕＴｕｂｅで茨城さんが成功しないでほしい。成功したらまたＷ★ＩＮＧをやるだろうから」って言ってましたけど。

茨城　あ、やらないですよ。

吉田　もう懲りた（笑）。

茨城　時代的にも違うし。

吉田　ちょっと安心しました。茨城さんがまだＷ★ＩＮＧの夢を諦めず、また大やけどするようなことになるのかなと思ってたので。

茨城　よく言われるんですけど、さすがにないですね。だって同じメンバーは絶対に集まらないもん。なんか違いますもん。いまだに蛍光灯デスマッチとかやってますけど、あれは歳いってから何かなるんじゃないですか？

掟　ネクロ・ブッチャーっていう外国人レスラーがよく言ってました、「蛍光灯デスマッチは癌になる、だから俺はやらないんだ」って。だからちょっと心配ですね。大日本は使えなくなった蛍光灯を替えてる業者からタダでもらってデスマッチやってたんですよね。

吉田　古い蛍光灯なんて絶対身体にはよくないはずですからね。せめて新品じゃないと。

茨城　子どもの頃に観てたプロレスって飛んだり跳ねたりじゃないじゃないですか。ふつうにしてても年齢いったら腰にダメージあるから、たぶんたいへんなことになりますよね。

吉田　金村ゆきひろさんも引退後はガタがきて、いまは杖を使ってるみたいですよね。

茨城　逆に言うと、ガタきてないヤツはたいしたことやってなかったのかもね（笑）。金村には感謝してます、一生懸命にやってくれたから。

吉田　受け身を取らないと言われてたポーゴさんでも膝があれだけ悪くなったりしてましたしね。茨城さんはプロレス界に関わって金銭的なダメージも食らってきたわけですけど、それでも後悔はしてないって感じですか？

茨城　後悔してもしょうがないですよね、それでお金が戻ってくるわけでもないし。記者やってるときだって、あの当時は海外へ頻繁に行ける時代ではなかったと思うんですよ。当時、マスコミが知らなかったまだ見ぬ強豪がけっこういたから、それ見たいなと思って後先考えないでアメリカに行ったから。それがいまとなってはやめとけばよかったなと思って、年金問題がね（笑）。俺、もらうにはまだちょっと足りないみたいなんですよ。

掟　最後にぜんぜん関係ない話ひとつ聞いてもいいいですか？　自分も茨城さんと同じで、スタイリスティックスが大好きなんですよ。

茨城　ハハハハハハハ！　よくご存じで。俺レスラーにもしたことないんだけど、出待ちというか1時間待ってサインもらいました。

掟　出待ち!!

吉田　W★INGはパンク、ハードコアな人に愛された団体でしたけど、茨城さんの音楽性がそっちじゃないのがおもしろいですよね。

茨城　でも彼らは出身がフィラデルフィアでECWと同じですから（笑）。実はW★ING興行にスタイリスティックス呼びたかったなと思ってました。

掟　え！　やってほしかったですねえ！

茨城　年代的には91年なのか92年なのか覚えてないですけど、W★INGやってたときにジャッキー・チェンがキャンペーンやってるんで呼ばないかって話もあったんですよ。

掟　ほう、ジャッキーがリングに上がる！

吉田　新日本の東京ドームで船木誠勝さんと試合するかもって話もありましたもんね。

茨城　ギャラ100万って言ってたかな。でも100万かける意味あるのかなと思って。

吉田　そうは言っても、茨城さんがミル・マスカラスに払った経費よりも安いですよ！

山田邦子の巻

DENCHI-IKA

PROFILE

山田邦子

1960年生まれ。東京都出身。短大在学中から多くの素人参加番組に出演し、芸能活動開始。卒業後1981年デビュー曲「邦子のかわい子ぶりっ子バスガイド篇」で有線大賞新人賞受賞。同年より『オレたちひょうきん族』にレギュラー出演。『邦ちゃんのやまだかつてないテレビ』(1989年〜)などの冠番組が軒並み人気を集め、NHK「好きなタレント調査」において8年連続で1位となるなど、絶大な支持を得た。2020年YouTube『山田邦子 クニチャンネル』開設。

吉田　実は邦子さんには17年前、この雑誌の同じ連載に出ていただいてるんですよ。

山田　え、ホント？

掟　長い連載期間で初めてのパターンです！

山田　へぇ～っ、出てるの？　ジワジワ思い出していくね、ごめんなさい。17年前？

吉田　2005年です。とりあえず時事ネタから入ると、『M-1』の審査員が最高でした。

山田　ありがとうございます。おもしろかったですよ。緊張感がすごく漂ってて、自分の若いときの賞レースとか思い出しました。でも言っちゃいけない期間が長くて、情報解禁になったのが放送の1週間前で、そこからの1週間は審査員だ審査員だってすごく注目度があって、すごいんだなと思いました。審査員が審査される、始まった途端にずっとつぶやかれ始めて、だからみんなハラハラドキドキして、私のことばっかり言ってるから。

吉田　実際、一番バズッてたんですよ。

山田　だからすごいもんだなって（笑）。

掟　こうなるとは思ってませんでした？

山田　まあ、みんな審査されるっていうのは（島田）紳助さんからも聞いてたんだけど。みんな評論家みたいなものなんだろうね。

吉田　そうなんです。いろんな人が自由に語れる最大級のコンテンツで、「俺なら何点なのになんだこいつ」って言いたいんですよ。

山田　語りたいんだね。自分もM-1が始まる前と終わってから両方YouTubeやったんですよ。そしたらファンの人は観ますよね、ファンじゃない人も観て、けなす人とそれをやっつけてくれる人、フォローしてくれる人がやり合い始めて、もう私からは離れて行ってるの。最初は私も「観ていただいてありがとう」とか「ご指摘ありがとうございます」とか一生懸命返信してたんだけど、だんだん追いつかなくなってきたら、そのうち「クニちゃんは答えなくていい」になって。これ誰の？　私のチャンネルなんだけどなあって。

吉田　ファンが守ってくれて。結果、正解でしたよ。これだけザワつかせたわけだから。

山田　それで次の日に視聴率が出たらまあまあよかったんで、一応役割は果たしたのかなと思いますけどね。やっぱり7000組から勝ち上がってきてるから決勝に残ってるヤツらはみんなおもしろいんですよ。それをタダで、いつもはテレビで観てたものを間近で観られるんだから、とっても楽しかったです。ただ、あとで考えれば審査員はみんなピリピリしてましたね、そういえば。

掟　みなさん前日は眠れないみたいですね。

山田　私語をしてなかったですよね。私が本番ギリギリまで松っちゃん（松本人志）に話しかけたりしてたのを、塙（ナイツ）が「なんであんな関係ないことギリギリまで言ってんですか」ってやけに言ってきたから、「いやべつに」って、久しぶりに松っちゃんに会って思ったより筋肉がモリモリしてたから。

吉田　しばらく会わない間に相当鍛えてて。

山田　そうそう、筋肉パンパンだったんで、「きっかけは何だったの？」とかって本番の1分前ぐらいまでしゃべってたんですよね。

『CONTINUE』Vol.20（2005年）より

吉田　そういう場ではないんですよ！
山田　でも松っちゃんもふつうに答えてて、「あ、そうなんだー」ってふつうに会話して、「じゃあ本番です」ってなったら塙が「何ギリギリまでしゃべってんですか！」って。
吉田　ホントにマイペースでしたよね。驚いたと思うんですよ、なんで島田紳助さんの近況を話しただけで不思議な空気になるのか。
山田　あれ、松っちゃんだって紳ちゃんのことしゃべったんだからね、その流れでいまだなと思ってしゃべっただけなんだけど。あれ、しゃべっちゃいけないの？　みたいなさ。
吉田　そういう空気になってましたよね。
山田　「せめて宮崎と言うな」みたいなさ。いいじゃんねえ。「年明けに誰それに会うらしいよ」とかは言わなかったんだから。
吉田　一応抑えたんですね。
山田　抑えた。紳ちゃんも密談があったらいけないし、これは言わないでおこう！　って。でもM-1の創設者も心配して楽しみにテレビで観てるんだなと思ったらみんなもうれしいじゃんね。よくわかんないんだけど、べつに楽しかったからさ。
掟　基本、仕事を受けるときはおもしろそうだなが大きいみたいですよね。『THE W』もおもしろそうだなっていうことで出場しようかなと思ったってことですけど。
山田　そうそうそう。ぜんぜん出るギリギリだったのよ。私がエントリーしたら馬場園（梓、アジアン）も、「あ、邦子さん出るんだったら」って。で、友近も入ったんだけど、私がやめたらバババッとやめたでしょ。
掟　まあ、審査する側が大先輩の邦子さんを審査できるのかって問題もありますよね。
山田　そんなこと言ったらもっと遡れば、『ねるとん紅鯨団』が人気だったとき、『ねるとん』出演希望のハガキも書いたし。
吉田　ダハハハハ！　おもしろそうだったら出てみたいってなっちゃうタイプ（笑）。
山田　出たいじゃん。『のど自慢』も何回も書いたし。それからとんねるずのヤツで関根（勤）くんたちがやっててガーンと落ちるヤツあるじゃん、あれも何回も言ったんだけど、「邦子さんは落としにくいので」って。

掟　『細かすぎて伝わらないモノマネ』に！

山田　そう、出たくて何回か言ったの。それは丁寧にスタッフの方から断られました。

掟　そりゃあ落とせないですよ！

吉田　大先輩を雑な扱いできないです！

山田　でもいいじゃんね、おもしろいのにね。欽ちゃん（萩本欽一）だって（ビート）たけしさんだってみんな出ればいいのに。

掟　落としてほしいんですね。

山田　だって落ちたら美味しいでしょ！

吉田　根が変わらないんでしょうね、素人としていろんな番組に出まくってた頃から。

山田　職業だからね。私たちはツービートとかザ・ぼんちとか紳竜が『THE MANZAI』でワーッと人気になって、あの頃を覚えてるんですけど、ホントにキャーキャー言われて、出てくるだけでギャーッていう勢いがあっておもしろかった。でも、いまの子たちのほうがよっぽど素晴しい漫才やってますよ、高度な練りに練られたネタですよね。ただ、勢いは昔のほうがすごかったですよ、めっちゃくちゃ。だって「おさむちゃんでーす！」だけで5分間ぐらいやってるんですから。

吉田　ホントひどかったですよ（笑）。

山田　ひどい（笑）。でも、おもしろかったからね。私はいい調子にバラエティも映画もドラマも歌番組も、いろんなことやったんですよけど、トップクラスの人たちってみんな頭おかしいんですよ。料理家もおかしいんですよ。「え？」っていう人、多いんですよ。道場六三郎さんも神田川俊郎さんもおかしいですよ。それとか宇宙飛行士も演奏家も、ハメの外し方がお笑いのそれじゃないですよ。ホントにイカれてますね。あとロッカー。内田裕也さんとかと一緒に飲んだりしてましたからね。何回もご飯も食べてるし、みんなで誰が裕也さんの耳元でシェケナベイビー言えるかやろうぜって言って（笑）。私が言いましたけど、「……あ？」って言われました。女優さんに頭からワインかけられたり灰皿が飛んでくることは日常茶飯事だったんで。

吉田　……どういうことですか？

山田　みんな話を作りたいんですよ。そこのママがみんな守ってくれるの知ってるから大暴れしてましたよ。包丁も出てきたし。

吉田　それ四谷のホワイトですか？

山田　四谷のホワイトが一番多かったですね。事務所のまん前だったんで、毎晩のように行って。たけしさんもタモリさんもみんな来てましたね。そこでピアノ弾いてそこでネタができたり、ホタテマンの歌なんてほとんどそこで作ってましたからね。毎週行ってて、三宅（デタガリ恵介、ひょうきんディレクター）さんがピアノ弾けるから、そこで作るともう次の週の台本になってましたね。そんな感じで、なんかめちゃくちゃでしたよ。

吉田　現場でも誰がいちばんおもしろいのか本気でやりあって、そのあともみんなで遊んで。

山田　だからワクワクしちゃって。まだおもしろいことやってるんじゃないかなと思って流れて流れてハシゴして、疲れてましたね。

掟　寝る暇ないですね。

山田　ね、寝てなかったですよね。必死について行かないと置いてかれちゃうから、先輩方の香盤表を見て、何時に収録が終わるんだなって思うとその時間に合わせて待ってるとか、たけしさんの車に乗り込んでるとか。開けると「なんだおまえ！」って反対のドアから落とされたら、おネエちゃんのとこ行くんだな、じゃあしょうがないって。そんなことではへこまない。それはダメだった日、ということで。

吉田　懲りずにまた乗り込む。

山田　乗り込む、どこまでもついて行く。邪魔だったでしょうね、謝りたいです。

吉田　そこで相当鍛えられたと思うんですよね、セクハラ的なことも多かっただろうし。

山田　セクハラって言葉が出てきてから、そうかあれセクハラだったんだなっていうことはいっぱいありますけど、あんまり気がつきませんでしたね。男兄弟が多かったからかな。みんなハイテンションになって、『ひょうきん族』でも深夜12時過ぎるとみんなテンションもマックスになっていて朝から衣装を何回も着替えるから、もうだいたい全裸で歩いてるんですよ。それで、氷の入った大きいポリの箱みたいなのに缶ジュースがガバガバ入れてあってみんな飲むんだけど、深夜になると熱くなった体でそこに入って熱くなった体を冷やしてるヤツもいましたし、全裸で（笑）。意味がわからないですよね。鶴ちゃん（片岡鶴太郎）なんて向こうから「おはよう」って歩いて来るとき必ずオチンチン出てましたからね。よく見ると何かが出てるんですよね、洋服着てても。

掟　笑わせるためだけに（笑）。

山田　そうです。

吉田　『ひょうきん族』は明石家さんまさん以外、だいたい脱いでたって聞きますね。

山田　さんちゃんは脱いでなかったですね。パンツ一丁ぐらいは見たことあるかな。

吉田　「ひょうきんベストテン」の女子アナが替わるたびに全員で囲んでチンコ見せるのが洗礼だったみたいな話も聞きました。

山田　だからアナウンサーもかわいそうでしたよね、ひどい！　私はそこらの子だけど、ちゃんとしたお嬢さんも多いし、いい大学を出てそんな目に遭っちゃって。でも長野（智子）なんかは「どうしたらいいですか？」って小さい声で聞いてくるから、「とりあえず金的しろ」とか「跳び蹴りしろ」とか「上を向いたましゃべれ」とか言ってましたね。

掟　蹴ってもいい！

山田　ぜんぜんいいんですよ、何しても。

吉田　笑いになればよし。

山田　そうです。死ぬほどやっちゃダメだけどね。かなり危ないこととしてましたよ、ケガもしてましたし。あれ、学校の悪ふざけのままなんじゃないの？　小学校のときのお楽しみ会とかで父親のサルマタ持ってったりお母さんのブラジャー持ってったり、変な出しものしたりしてた延長なんじゃないですかね。それの全国区。おかしい子とかクラスの人気者とか、そういう人がデビューしてくるんじゃないですか？　毎日ふざけてるんですよね。ときどきまじめなこと語ったりしてるヤツもいましたけどね、泣いたり。青春ぶってね。

掟　それは飲みながらですか？

山田　飲みながらね。

吉田　泣くのは主に紳助さんですか？

山田　紳ちゃんがわりと熱く語りながら泣くほうだったけど、それでも誰か途中で「鼻水が出た」とか言って笑ったり、ゲロ吐いちゃって笑ったりしながらやってましたね。

吉田　昔、邦子さんが言ってたのが、「みんなで飲んで盛り上がったあとに風俗に流れて行くのが寂しくてしょうがなかった」って。

山田　そうなのよね、男の子は。女でピンだったからここまで重宝がられてきたんだろうなとは思いますけど、ときどきポツン！となっちゃうよね。あるとき紳ちゃんが「邦子、今日はお誕生日だから大丈夫だよ、女もいっぱいいるから飲みに行こう」って言って、みんなで行ったらキャバクラだったんですよ。女って店員さんだったの。みんなワーッて楽しんでて私がポツンとなると、30分に1回ぐらい紳ちゃんが思い出して、「邦子、お誕生日おめでとう！」とか言って、またワーッ忘れられて、そういう繰り返し。そんなのはまだいいほうで、地方なんか行くと特に、札幌とかだとほとんどみんないなくなっちゃうからマジで私だけポッツーン!!

吉田　主にラサール石井さんがいろんな風俗を調べてみんなを連れて行って、そういう男同士の盛り上がりがうらやましかった、と。

山田　やっぱり男同士は、麻雀に行くか賭けごととしてるか風俗に行くかなんですよね。

掟　邦子さんに来る人はいませんでしたか？

山田　いなかったですね。相談はありましたよ、おネエちゃん問題でこじれちゃって、どうしたらいいかとか。あの頃、アシスタントの女の子なんてほとんど誰かのなんかでしたからね。みんな兄弟。

掟　スタジオ内にいっぱい兄弟がいる状態。

山田　女の子のほうも捨てられかけると私に取り入ればもうちょっとつないでもらえるんじゃないかって勘違いしたり。それが名のある女優さんだったりモデルさんだったりアイドルだったり華やかでした。携帯電話がなかったからしょうがなかったし、交通整理する人が私だったんでしょうね。

吉田　当時、紳助さんが女の子絡みの遊びを開発するのが天才的だったって話も聞きました。後に『クイズヘキサゴン』とかを開発する原点はそこにあるんじゃないかっていう。

山田　紳助さんはいろんな面で天才ですよ。なんかパッと浮かぶんでしょうね、こういうふうにしようっていうのがね。遊びの王様ですね。痛めつけるようなことはないんですよ、だからおもしろかったですけどね。コンプライアンスとかだと全部ダメだけど。

吉田　言葉巧みに女の子を脱がすようなやり方がホントにうまかったって聞きました。

山田　脱いでたかはわかりませんけど、話がうまかったし、私が見た感じでは女の子も喜んで来てましたけどね。泣いて帰るような人はひとりもいませんでしたけどね。

吉田　それ系の話で一番ビックリしたのは、邦子さんの自宅でそういうヤバいゲームが行なわれたっていうエピソードなんですよ。

山田　そうそう、もう行くとこなくなっちゃったんでしょうね。深夜3時ぐらいに六本木の交差点に集合して飲んで、「邦子の家に行こう！」とか言って整列してタクシー3台ぐらいに分かれて10人ぐらいで来たのかな？　朝8時とかにカーテン開けたら、幼稚園児とかお母さんに連れられて登園してて、その中をみんな汚らしい顔で帰っていくのがわびしい感じでまた笑いましたけどね。

吉田　そこで行なわれたゲームの詳細については書けない可能性もありますけど、ボクが聞いたのは、女の子に水着になってもらってオナニーで誰が最初にイクか争ったという。

山田　そうそう。それで誰が何分何秒って。暗い部屋に入ってきて、「用意スタート！」ってやってひとりひとり計るんだけど、その前から下準備してくるヤツがいるわけですよ、すぐイケるように。バカじゃない？

吉田　ダハハハハ！　いきなりそういう世界に巻き込まれちゃったわけですよね（笑）。

山田　みんな一生懸命やってましたよ、何ごとも。なんだこれって思うよね。そのときもデスクのお姉さんがテーブルで記録を書いてましたね。時間計るのは男の人だった。見極めなきゃいけないから、「出た！」って。くだらないよね、汚らしいよね、人んちで。

吉田　仕事以外でも、どうしようもないことに全力で挑むチームだったわけですよね。

山田　全力ですよね。陰毛抜きジャンケンって聞いたことある？　最悪だよ、ふつうのバーで飲んでてつまんなくなってきて、最初はジャンケンして負けたら自分の陰毛を抜いて見せる、だったんですよ。もったいないから今日の思い出を作ろうって1本ずつナプキンに貼ってたのを、二巡目ぐらいからは人に抜いてもらうってなったんですよ。人が手を入れて抜くっていう。バカじゃない？　で、1枚出来上がって、いらないじゃない。誰か持って帰ったんですよ。それを始めたのも紳ちゃんです。

吉田　当時どういう目で見てたんですか？

山田　わかんない（笑）。

掟　それは邦子さんも参加するんですか？

山田　参加してました、ふつうに（笑）。３本とか抜いたらすっごい怒られるんですよ。１本だけヒョッと抜かないといけない。

吉田　どんなルールなんですか！

山田　わかんない（笑）。飲みに行くと、紳ちゃんやたけしさんたちはすぐ素っ裸ですよね。けっこういいショーとかやるようなクラブに行っても、立ち上がるとみんな下は履いてない。「いつ⁉」と思いますけど。そのまま泣かせるような歌をうたったり。ひどかったですね。お笑いの人みんな脱いじゃうんですよ。ひょうきんのメンバーだけじゃなかったですよね。（桂）三枝さんたちのグループも、（西川）きよしさんたちのグループも（桂）文珍さんも（笑福亭）鶴瓶さんも。

吉田　そういう真面目そうな人たちも。

山田　脱いじゃう。それはノリですよね。三枝さんはオシャレでしたね、お座敷とか芸者さんとかで、クラブではなかったですね。

吉田　邦子さんも対抗して脱いだら引かれたってエピソードもあったじゃないですか。

山田　そう！　六本木のクラブでカラオケやったとき、みんな脱いでたんで、いまだなと思って下だけ脱いだらみんなシーンッてなって。ショックみたいな顔して。これは違うんだと思って。それからはやめましたけどね。

吉田　チンコは笑いになるけど……。

山田　○ンコはダメなんですよね、よく見えないからじゃないですかね、モノが。

吉田　ほどよい滑稽さがないんですよね。

山田　だから笑えないんでしょうね。イマイチでした、そこまで練れてなかった（笑）。

吉田　それくらいその輪に入りたかった。

山田　ずっといましたからね、なんだったんでしょうね。ふつうなら帰りますよね。

吉田　ふつうに若い女子ですからね。

山田　20代ですよね、前半とか。

吉田　でも見ておきたかったし楽しかった。

山田　うん。でもなんか安全に遊んでましたね、危ない目にも遭わなかったし。ホワイトなんてロッカーとか映画系とかめちゃくちゃな人たちが来てて、そこで眠っちゃったりなんかして、次の日に行くと「昨日のパンツはヒョウ柄だったね」とかみんな知ってるんですよ。だから寝ちゃうとみんなパンツとか見てるんですよ（笑）。ひどいですよね。

吉田　プライバシーも何もない（笑）。

山田　なんにもないです。でも怪しい感じもなかったから、ただめくって見たんでしょうね。それでゲラゲラ笑って飲んでたんでしょうね、最悪ですよね（笑）。でもそういう時代から、次に宮沢りえが出てきたんですよ、酒場に。一気にやられましたね。全員宮沢りえのファンになっちゃって。あれは時代が変わったなと思いましたね。みんなの扱いが私とは違いましたね。大切に扱ってました。

吉田　そこは悔しい感情とかあるんですか？

山田　りえママがついて来てたから。ママ「つまらないこと言ってんじゃないよ！」とかみんなタジタジだった。

掟　（普通に自分のグッズで鼻を拭いているのを見て）そのKUNYのハンカチは？

山田　これはKUNYの前身のグッズですね。この後、原宿のKUNYが出来上がったんですよ。原宿だけじゃなくて清里とか北海道とか嵐山とか九州とか、KUNYだけじゃなくてKUNI KUNIとかくにこ姫とかいろんな店を出してました。いろんな社長さんと。

掟　どんなところから話が来るんですか？

山田　わからない！　太田プロがあいだに入ってましたけど。太田プロも途中から、あまりにもそういうのがふつうのギャラ以外のいろんなことになってたんで、もうひとつ会社を作ってそっちで儲けてたんだと思います。タケちゃんクニちゃん鶴ちゃんの3点セットみたいなものも人気でした。グッズは取ってありますよ。もちろん全部じゃないけど。

掟　自分が関わらないままお金が入ってくるのが嫌だったから、任せっきりの人が多い中、制作会議もしてたって話を聞きました。

山田　あ、出てました。自分の店が出るなんてすごくうれしかったんで一生懸命絵を描いて、コンセプトを作り上げてっていう会議にちょいちょい出てましたね。そしたら「修学旅行生の万引きがすごくてキディランドからゴッソリ返ってきました」とか言われて。キディランドで犯人が挙げられるんですよ。それでザーッと出すとウチの商品が出てきて。

吉田　つまり、竹下通りでいろいろ万引きして、そこを抜けてキディランドで捕まって。

山田　そうみたいです。ウチの店は最初の頃から万引きの話は会議で出てたんですけど、でも「ウチで捕まえるな」って言ったの。

吉田　……え？

山田　「いいよ、もうすごく売れてるから。そんなにデカいものは盗れないし、チョロッと持ってけるようなものはお小遣いもないんだろうし。シメシメと思うかもわからないけど、うれしいと思う子もいるかもしれないし、そこで『万引きだろ！』とか店の中でやると他の子もシラけちゃうから」って。

掟　当時、若い子は万引きぐらいしないとシャバいヤツ、みたいな空気もありましたし。

吉田　80年代はね。

山田　とりあえずウチでそういうのは取り締まらなくていいって言ったらキディランドから毎月1箱、大きい箱で戻ってくるの。キディランドさんはちゃんとそういうの取り締まってたんですよね。だから「ありがとうございます」って戻してもらってました。

吉田　そのスタンスの人は珍しいですよ。

掟　島崎俊郎さんでしたかね、タレントショップに万引きOKコーナー作ったたっていう。

山田　へぇ～っ!!　進んでる！　いろんなことやりましたよ、海の家もやったりとか。

掟　そこが火事になったんですね。

山田　放火だって話でしたけど。母が、私が火を点けたんじゃないかって言ってきて。

吉田　なぜ！

掟　全焼だから保険も入ったんですよね。

山田　すごい儲かったんですよ。台風が来た年で、海の家をすごく派手に宣伝してたのに夏が雨ばっかりでぜんぜんダメで、あんまり儲からなかったんですね。で、いよいよ夏も終わりで解体してまた運んでっていうのもお金かかるでしょ、それ全焼したんで運ばなくてもよくなって片づけが簡単だったたっていうこと、火災保険がすごく入ったということで。朝、知らないで寝てたんですけど、母から電話かかってきて、「いまどこにいる?」ってまず聞かれて。「え、家で寝てるけど」って言ったら、「へぇ〜、なんか爪に砂が入ってるとかそういうことはない?」って。

吉田　証拠は残ってないかって（笑）。

山田　「え? 入ってないけど」「あーよかった。ニュース見てみて、おまえの店が焼けたよ」「え⁉」ってニュース見て、なんだ私のこと疑ってたんだなと思って（笑）。

掟　ガッツリ正面から疑いましたね。

山田　変なお母さんなの。

吉田　タレントショップは儲かりました?

山田　儲かったと思います。でも私あんまり興味ないんですよね。税理士の先生から「今年はこうでした、来年からはこうしてください」みたいなのを聞くと、ちょっと鬱になるんですよね、お金の話をしてると。昔からよくニュースで「豪邸を建てた」とか「給料がいくらだ」とか言われるけど、ぜんぜんわかんないの。任せてることなんで。いつもなんか買うときに買っていいか聞かなきゃいけないし、時計とか車とか。だからずっと面倒くさかったですね。いまでも面倒くさいです。

掟　税理士にいちいち聞いてから決める。

山田　そうです、勝手に買ったりすると、「なんでこんな高いもの買ったの?」とかいちいち聞かれるんで面倒くさいなって。だからお小遣いをコッソリくれる人が大好きでしたね。ご祝儀とか領収書のない、丸銭でもらうとホントにこれが秘密のお金だから、親にバレてない、会社にバレてないお金、いまでもそれは500円でもうれしいです（笑）。

DENCHI-IKA
あとがき　吉田 豪×掟ポルシェ

掟　今回の『電池以下』は掟ポルシェ編ということで。

吉田　まあ、掟ポルシェ編と言ったところで吉田豪編と大差ないんだけど、こっちは全部のインタビューに掟さんが参加してるぐらいの違いかな?

掟　そんな感じですね。休刊していた『CONTINUE』が復活したら、そのときは福岡に住んでいたんで合流できないことがあって。それがまた東京に戻ってからは毎回参加するようになり。そして、たまに自分の希望を反映してくれたゲストを呼んでもらえるようになって、それがだいたい演歌歌手だったりするという。

吉田　もしくはセクシュアリティがミステリアスみたいな人とか。

掟　自分の昔からの傾向として、好きになる歌手は女性的な感じの男性が多いんですよ。それは東西問わず。気がつけばソフト・セルもヴィサージもボーカルの人はオネエ言葉で英語を話してる、みたいな感じだったんで、好きなミュージシャンもちょっとそちら側に偏ってるというか。

吉田　『電池以下』はボクの他のインタビュー連載とは違って、なるべく掟さんの意思を尊重した流れになってるので、そういう人たちが比較的多いのが掟ポルシェ編ですね。じゃあ順番に取材後記的なことを話していきましょうか。まずは前川清さん。読み直したらおもしろかったな。基本ボヤき続けてるだけ。人前に立ちたくない、緊張する、この仕事やりたくてやってるわけじゃないって(笑)。

掟　自分の歌を好きで聴き返したことがないっていう。たまにそういうタイプの人いますけどね。まさかこの人が。

吉田　あのキャリアであの能力があってあのネガティブ

さってすごいよね。

掟　これだけ知名度があって、自分のやってることなんにも好きじゃないし。ジャンボ鶴田みたいなもんだね、職業としてたまたま演歌歌手を選んじゃっただけだから。

吉田　たまたまそんなに練習しなくても強かった。

掟　そうそう、ナチュラルにいい歌声の持ち主だから。

吉田　全日本プロレスに就職はしてみたものの、大学教授やったほうがいいかな、みたいに迷っちゃうようなタイプってことでしょ？

掟　そう。内山田洋が儲かるのは気に入らないし（笑）。

吉田　「このキャリアで出してる本が競馬の本だけっていうのも不思議ですよね」って言ったら、「誰もオファーしないんだよね、興味ないんじゃないかな」って、いちいちネガティブで（笑）。

掟　昭和のスターの方々はタレント本みたいなのっていっぱい出してるはずじゃん、何もないんでしょ？　珍しい人なんですよ。

吉田　インタビューしても膨らまないって判断されたのかな。ボヤキしか出ないって（笑）。

掟　当時はそういうのも使えなかったのか、本としての需要がなかったのか、なんか不思議ですよね。歌手としては大好きで、クール・ファイブのレコードもシングル盤を中心にひと通りは持ってるんですけど内山田洋さんのことはよく思ってないことが全面に伝わるインタビューっていう（笑）。

吉田　ムードコーラス界、恐いですね。

掟　ムードコーラス界は基本、黒いですからね。

吉田　敏いとうを筆頭に。

掟　敏いとうを筆頭とすると違う世界観が開きますからね。

吉田　どうもマフィア臭がする。メインボーカルのやらされてる感っていうのが、最近のアイドルにも近いのかなって思えてきて。ボーカルにそんなに自意識が求められないというか、やらされてる感ゆえアイドルみたいな自己肯定感の低さになるのかなと思った。

掟　「とりあえず若いし見た目いいから真ん中に立っとけ」と。

吉田　そう。「ただそんなに金はやらない」みたいな。

掟　横で「ワーッ」と言ってるぐらいの人とそんなに儲けの差がないっていう。

吉田　そりゃ自己肯定感も育つわけがないです。次は田代まさしさん。

掟　田代さんは出所するたびにお話を聞きに行って。

吉田　いつも出所してすぐには行かないんだよね。もう大丈夫かなと思ったぐらいで行く。

掟　そうそう、最近うまいこといってるらしいぞ、どうやら家族とも復縁できたらしいとか、いい話を聞いたときに。やっぱりおもしろいことが言えない立場になっちゃってるから、「おまえは一生ふざける権利はなくなった」みたいな状態でしょ。もともとお笑いでやってた人がふざけることで怒られるっていう、自分の仕事に戻ったことでこんなに怒られるのかわいそうだなと思ってて。そんなときに、いまどうなのかなって聞きに行ってみたいなって気持ちがあって。

吉田　捕まるまでの期間も順調に延びてるから、田代さんなりに頑張ってるのは伝わりますよ。

掟　次はもう少し延びますよ、田代さん！

吉田　次はないよ（笑）。

掟　前回は5年ちょっとで、お話を聞いてから間もなかったですね。

吉田　逮捕までが3ヶ月ぐらいで。

掟　だからわれわれが行くとよくないことが起きるんじゃないかっていう。

吉田　安心しちゃうのかな。

掟　もう大丈夫かなと思った頃が危ないのかな。田代さん言ってたもんね、「ダルクもまたやり始めるといつの間にか行かなくなるんだよ」って。自分で答えを出してたよね。

吉田　ちょうど行かなくなってた時期だったんだよね。

掟　なかなか難しいですよ、やめるのは。

吉田　本人も言ってるけどね、甘えとかじゃない、ホントに病なんで。

掟　田代さんに何度かインタビューしてますけど、最初に行ったときはまだまだ自己責任論が世の中に蔓延していて、俺とかもダルクに行ってから田代さんはいい理屈を覚えたなと最初は思ってて。でも、ちゃんとやめるためにはどうしたらいいのかとか、薬を遠ざけるような生活を送るにはどうしていったらいいかっていう欧米のスタイルみたいなところに持ってくのが薬物中毒の人には一番いいのかなって。それがやっと日本の社会でも当たり前になってきた変遷が見えますよね。

吉田　今回の単行本の作業が始まったときはまだ田代さんが獄中にいて、どうやって許可を取るかって問題になって、息子さんに連絡したりしながら動いてたら、そのタイミングで出所した田代さんから連絡があって、「ぜんぜん大丈夫だよ」って言ってくれたって流れがあったんだよね。ところが編集サイドから「田代さんは取材後に捕まっちゃったから、収録しないほうがいいですよね」って言われて、「いやいや、収録しなかったら田代さん傷つきますよ！」っていう。

掟 まあ、いままで何度も田代さんがかかわっていることによって発売中止になったものが世の中にいっぱいあるからなんだろうけど、吉田豪の本は基本的に軽く前科のある人とかが出てくるもんだから問題ないんですよ。あとは出版社の問題ですから。太田出版はアウトロー関連の出版社じゃないからあまり無理言ってもかわいそうなんだけど。田代さんはもう入らないでいただけるとありがたいですけどね。頑張ってね。

吉田 続いては上坂すみれさん。これも謎企画だったね。すみぺが掟さんにいろいろ学ぶという。

掟 なぜか自分が上坂さんに曲を書いた結果、自分がロマンポルシェ。というバンドでやってるパフォーマンスの部分、キャベツの千切りとか素っ裸でステージに出るとか、「そういうところを私も受け継いだほうがいいんじゃないか。キャベツをやった以上、次は全裸ですかね？」みたいな。

吉田 女子の場合、脱いだら喜ばれちゃうよ！ 客席に突っ込んでっても女子は喜ばれちゃうっていうね。

掟 なんでこんなにトレースしようと思ってんだろっていう。そりゃ確実に俺がやるよりかわいい女の子がやったほうがウケますよ。

吉田 そりゃそうですよ。包丁を振り回すのにしてもね。

掟 声優業界でも歌手として第一線でやってる方ですから。そんな人に取り上げてもらってこちらとしてもありがたいですけど、インタビュー中にもあるように、なんとなく俺に楽曲制作のオファーを出したら出来上がってきた曲があまりに音数が少ないから、「やっぱりふつうにアニソンみたいにしてください」って言われて（笑）。

吉田 アルバムに入れたらあきらかに浮く音質だったわけでしょ？

掟 それでもちゃんとプロの人に頼んで……いや俺もプロだけど（笑）。音響関係のプロの人に頼んで、ちゃんとプロのCDに入ってても構わないぐらいの音圧に仕上げてもらってはいるんですよ。なんだけど、そこは最初は理解してもらえなくてボツになりかけましたからね。そこは申し訳なかったって言ってくれてますけど。

吉田 すみぺは音楽的にも攻めたことやってるよね、MVに氏神一番を出してみたり。

掟 ……それ攻めてんのかな？

吉田 印象的なのは、いい写真がいろいろ撮れたから『CONTINUE』の裏表紙で使いましょうかって言ってたんだけど、包丁はマズいってことで手刀になったんだよね。

掟 そうかそうか、刃物はダメなんだね。

吉田 そりゃそうだよ！ ステージでやるぶんにはまだいいけど、大々的に人目につくのは困るわけでしょ。

掟 だってキャベツ切ってんだよ、問題ないでしょ！

吉田 料理の本ならね。

掟 『dancyu』だと思えばさ。

吉田 『dancyu』も表紙に包丁はさすがにないんじゃないかな……。

掟 裏表紙だから大丈夫だよ。

吉田 見えないしね。次はm.c.A・Tさんです。

掟 A・Tさんが大ブレイクした後、あまり世に出ていなかった時期に「申し訳ナイト」というDJイベントでお声がけしたら喜んでDJの合間にヒット曲を歌うというステージを何度もやってくれて。

吉田 あのレベルの誰もが知ってるヒット曲が複数あるとイベントでは強いでしょ。

掟 やっぱりめちゃくちゃ歌うまいんで、誰が見ても歌唱力に納得するんですよ。それにプラスして一緒にツアー回って、酔っ払って潰れたときのかわいげが半端ないんですよ、それがあまりにも魅力的だったんでお話を聞いてみようかな、と。

吉田 それを勝手に雑誌に書いて単行本にしたことにショックを受けるのもおもしろかった。

掟 そう、パチスロ雑誌に自分の身の回りの人のいいエピソードを連載してて、パチスロ雑誌だから誰も読んでないだろうと思って書き飛ばしてたんだけど、そのm.c.A・Tさんの取材直前にそれを単行本化したんですよ。そしたら「ダメですよ」って言われて。

吉田 ただ、コラムってモチーフになる人に許可とか取るわけないんだよね。

掟 取らないんですよ。インタビュー連載だったらその人の発言したことのチェックはあるけど、こちらが一方的に思ってる印象とか、あったことをただ書き連ねてるコラムだから、それはチェック出さなくて。まあ、あの本を出したことによって数人にえらく怒られましたね。

吉田 ダハハハ！ そりゃそうだ（笑）。

掟 ラフィンノーズのチャーミーさんとかね。目を皿にして「あれはダメです！」って（笑）。まあ怒ってる事情もよくわかるというか。みなさん寛大に許してくれましたけどね。A・Tさんはm.c.A・Tして大人気だった時代を経て、いろいろ模索していた頃にやってた仕事もすごくおもしろかったんで。なぜかm.c.A・TさんがCSの番組で軽トラ引っ張らされるとか。本来グレート・アントニオがやるようなこと、なんでやらされてんだっていうのに興味があって。

吉田 実際かわいらしい人でしたね。

掟　ホントにかわいいですよ。成功者の証であるご自身の立派なスタジオでお話を聞かせていただいて。実際に表に出ている技術面のm.c.A・Tさんっていうのも歌手として素晴しいんだけど、人間的な魅力も、やっぱりあんだけ売れた人だから当然ハンパなくおもしろいんですよ。

吉田　キャリアも長いから、売れる前からの人間関係だけでもおもしろいっていうね。

掟　中川勝彦さんの家に居候してた話とか、ああいうのも以前からうかがってたんですけど、詳細を聞いてみると興味深いし。

吉田　次は鬼越トマホークです。

掟　ちょうどコロナ禍が始まった時期でね。

吉田　ボクらがZoomインタビューっていうのを初めてやったときでしたね。

掟　初めてなんですよね。Zoomインタビューを受ける側も、リモートインタビューを受ける環境がみなさん整ってない場合が多くて、iPhoneとかで環境がすごく貧弱なところでやってる場合が多くて、途中で止まるとか切れるとか話のテンポが遅れるから、最初はすっごいやりづらかった記憶があるんですよ。その一発目が鬼越さんのインタビューでしたね。

吉田　現場に来てたのボクだけだったからね。

掟　そうそう、俺もあのときは福岡から出られなかったんですよ、県をまたいで移動できなかったから。ウチはそこまで電波環境は悪くなかったけど、それでも1秒とか遅れると、お笑い芸人さんは早いツッコミで返してくるじゃないですか。そのタイムラグを超えて自分が話すタイミングがまったくなくなっちゃって、鬼越さんのときはぜんぜんしゃべれなかった。すごく苦戦した印象ですね。だから最初は豪ちゃんと鬼越のふたりが爆笑問題とのエピソードをずっと話してるなかで、自分はそこの当事者ではないから入っていけないところもあり、そしたら気を遣ってくれたのか、金ちゃんが途中で「鬼越はラジオとかではおもしろいのに、テレビであんまり結果を残せてないのは、『HEY!HEY!HEY!』でスベッてた掟ポルシェを思い出す」っていうツイッターの書き込みがあったっていう話を振ってくれたり、優しいんですよね。

吉田　「掟さんのイベントに行ったんですよ」とか。

掟　そういう細かいネタも入れてくれて。雑誌のときには削られてましたけど、今回単行本でそのへんも復活させてもらって。やっぱり売れていく人は優しいなと思いましたよね。

吉田　文化圏的にはこっち側の人だからね。

掟　観に来てたのは阿佐ヶ谷ロフトの「童貞vsヤリマン」のイベントでしたね。

吉田　プロ童貞・山口明さんの。

掟　そういうイベントをふつうに観に来てくれてたし。

吉田　『紙プロ』読者だしね。

掟　だから接点は山ほどあるわけですよね。

吉田　そりゃ仲良くもなりますよ。

掟　いまだに交流あるわけでしょ？　『ゴッドタン』でも共演して。

吉田　結婚の後押しもしてね（笑）。

掟　期せずしてね。「アイドルの公式お兄ちゃんはどっちだ」なんて、そんな完全ヤブヘビ企画に出てこなきゃいいじゃんっていうね。

吉田　「僕らはアイドルに手出しませんから！」って、自分がスタッフとして関わっていたアイドルと付き合ってるのを知ってる人間の前でそれをやられて黙ってるわけないじゃんっていう（笑）。

掟　むしろ金ちゃんのほうが困って「やめてください！」って顔してたわけでしょ？

吉田　そう。で、坂井さんは変なかかり方してるから、「豪さん、もう全部言っちゃってくださいよ！　俺は隠すことなんてないんすよ！」って。

掟　まあ、そこに行くのが吉田豪の仕事ですからね。それを金ちゃんもよく知ってるから。

吉田　最低限の発言量でトスを上げて、向こうが勝手にカミングアウトを始めて。結果的になぜか交際告白&結婚に至るきっかけを作ったっていう。坂井さんには「豪さんのせいですよ！」って言われたけどね（笑）。

掟　会ったのはこれが最初？

吉田　そうだね。で、その後はSHOWROOMに出てもらったり一緒にイベントもやったりで。

掟　ここで会ってさえいなければ坂井さんはいまだに結婚発表してない可能性はあるね。まあ、いいことしましたよ。

吉田　次はピーターさんです。

掟　ピーターさんも自分がもともと音楽が好きでずっと聴いていて。あとはこちら的に興味がある芸能界の付き合いみたいなのがあるじゃないですか、中条きよしさんと仲良かったり、ネットワークを見てても絶対に話はおもしろくなるだろうなと思ってたんですけど。

吉田　いいエピソードが多数だったけど、ハートの強さも際立ってたね。

掟　ピーターさんに限らず、若い頃から顔立ちのきれいな人ってナメられることがすごく多いと思うんですよ。だから最初怖い顔でカマしとかないかんな、みたいな感じになるんだと思うんですよね。

吉田　美輪さんから美川さんからみんなそうだろうけど、基本そういう人たちほど気が強いしピシャリと言うよね。

掟　そうじゃないと芸能界で生き残っていけないでしょうしね。自分が好きな曲で世間的にも話題になった「人間狩り」が、あれはいろんな歌を押しつけられていままで歌ってきて、初めて自覚的にこういうことやりたいって自分でプロデュースして通った企画が「人間刈り」だったって聞いて、非常に納得するというか。あれが受けてピーターさんもすごくよかったよね。

吉田　美川さんもそうだけど、掟さんが「これが好きなんです」って言うと、「私もそうなのよ」ってなるのおもしろいよね。本来だったら演歌とかやりたくないのにそういう流れになっちゃったとか、それぞれなんとなく不本意な部分がありながら芸能活動をやってて、掟さんはそんななかで好きなことをやった曲にちゃんと引っかかってると思うんだよね。

掟　ああ、そうですね。自分のセクシュアリティが前面に押し出されてるものって自分の内面がすべて見えてるものだから、おもしろくなって当然だと思うんですよ。ありきたりの演歌じゃそこらへんは出てこないと思うんで。特に演歌が流行ってる時代だったから、猫も杓子もコブシ回してうまい歌を歌わなきゃいけない、うまい歌イコール演歌で、地方のキャバレーをそれで回らなきゃいけない。ポップスっていうのは下に見られた時代だと思うんで、なかなか自分のやりたい曲ができなかった歌手がほとんどだと思うんですよね。そんななかで我を通した曲がみなさんの記憶に残ってて当然というか。

吉田　それが掟さんにも引っかかって。

掟　でも、もう1曲好きな「悪の華」って曲があるんですけど、「あの曲は山本リンダが歌う予定で書かれた曲だからべつになんとも思ってない」ってピシャリと言われて（笑）。こちらが事情を汲み取れなかったときにはちゃんとピシャリと、「あんまいい曲じゃないよ」みたいな感じで否定してもらえるっていう。こっちは好きなんだけど（笑）。

吉田　次は美川さんだけど、いい人だったね。

掟　いい人でしたね。取材でプレゼントをもらうこと自体がなかなかないから。

吉田　最初にいきなり高級なクッキーとマスクのケースをもらったんだよね。

掟　そうそうそう！　たぶん共演者の方々、お仕事される方々には必ず差し上げてるんだと思うんですよ。それこそＩＫＫＯさんが共演者に必ず丁寧なお手紙と、ＩＫＫＯさんのお勧めしてるスキンローションとか、ああいう美容グッズをくださるんですよ。あの感じ。

吉田　ボクもいただきましたよ。ただ、今回の美川さんの場合は、本人が持ってない美川さんの本を差し上げたことでわれわれはスカルをいただくという（笑）。

掟　美川さんがたまたまその日に黒い蜘蛛の指輪をされててすごいカッコよかったんですよね。テレビに出てる人がそういう若干グロテスクなものを身につけたりしてるとちょっと引かれるじゃないですか。そこツッコんだとたんに「あら、やっぱりあなたたちもスカル好き？」みたいいな。

吉田　初めて聞かれたよね、その質問（笑）。

掟　「スカル好き？」って（笑）。「いや、嫌いではありません」みたいな。

吉田　掟さんは『黄金バット』の超合金も持ってたし（笑）。

掟　言われてみればだよね、考えてみたら俺もそうだ、スカル好きだわ。数ある超合金のなかから、なぜか『黄金バット』の紙芝居バージョンの超合金を。

吉田　世代でもなんでもないのに。

掟　小学校2年生のときに買ったんだよ。

吉田　アニメ版ならまだわかるけど。

掟　そうそう、アニメ版も出てれば買ってたと思うけど、やっぱスカル好きなんでしょうね。デスメタルとかああいうものに惹かれるのとあんまり変わらないですね。

吉田　今回の取材では美川さんが「あんまり聞かれないから答えてないだけなのよ」ってホントにデリケートな逮捕された頃の話をたっぷりしてくれてすごいなと思ったら、案の定、原稿チェックで全部カットになり。そしたら、それが申し訳ないからってことで電話で追加取材させてくれて。そのへんのケアもやっぱりいい人だなっていう。

掟　すごいですよね、長らく生き残ってきた人はちゃんと細やかですよね。ふつうそんなことないでしょ。カットして、ザックリと文章が減って、「たいへんだったな、あの人」って取材の記憶になるだけじゃないですか。そんなことといままでないでしょ。

吉田　うん、「こういう話もあるのよ」って提案までしてくれるっていうね。

掟　ちゃんと他の使えるいい話をしてくれる。使えない話で濁すんじゃなく。さすがですよ美川さん、超一流。

吉田　今回の単行本で、逮捕エピソードが果たして復活するか否か。

掟　あ、まだわかんないんだ。まあしないだろうね（笑）。

吉田　実名を伏せればイケるんじゃないかと思うんだけ

どね、伏字とかにすれば。次は根本凪さんです。
掟　根本凪さんは上坂すみれさんと同じパターンで、2019年に茨城の水戸で行なわれたDJイベントで俺がすごくウケたんですよ。その動画を観ていてくれて。そのあとに某所でお会いするんですけど、「いま一番会いたい人に会えました」って気の狂ったことを言われて。何が起きてるんだっていう。
吉田　ちょっとメンタルに危うい部分があった人なんで、あからさまに弱ってたから元気が出るように掟さんに会わせてあげようって企画だったんだよね。
掟　それなのに、いまだに豪ちゃん警戒されてるもんね。
吉田　警戒はされてる。最近も根本さんがスペース機能で話してるときにボクが聞こうとしたら、「うわ吉田豪が入ってきた！」（笑）。
掟　「閉めろ！」ってスペースやめちゃうっていう（笑）。どんだけ怖がられてるんだ。
吉田　でも、もふくちゃんと根本さんがふたりでスペースやってるとこにボクが行ったら、上げられてふつうに仲良く話して、もふくちゃんが降りたあとふたりになってどうしようと思ったら絵恋ちゃんが来たから絵恋ちゃんも上げて。そんな感じでふつうに仲良く交流はしてるんだけど、1対1だと警戒される。だから掟さんがいるとちょうどいいなって。
掟　それ、どう思われてるんだろうね。
吉田　椅子を振りかざしているアー写が恐かったっていうのは言ってたよね。あと実際に会って、「この人、目が笑ってない……こわい……」って言われたのは印象的。
掟　だいたいのことはダメなんだろうね。世の中を恐いなと思ってる人は、目に入るものすべてが恐ろしく感じるから。
吉田　そんな彼女の心の隙間に入ったのが掟ポルシェだったっていうのがいい話だよね。
掟　ハハハハハ！　不思議ですよねえ、なんだろうね。DJの最中に俺が小学生とか幼稚園児に追いかけられてる動画だったから。
吉田　彼女の地元だったのがよかったのかもね。よく知ってる場所でおかしな人がおかしなことをやってたっていう。
掟　そのおかげで根本さんのラジオで、まあ担当者が知ってる人っていうのもあるんですけど、俺のド・ロドロシテルっていうひとりデスメタルバンドの、CD-Rにしかなってない曲が流れるっていう異常事態が起きてました。あと取材に行った場所が、俺が昔、ビルの窓拭きしてた現場だったっていう。
吉田　そこの説明を入れとこうと思って「どこどこに所在するディアステージの入ってるビル」って書いたら、そこがカットになってた。
掟　まあそりゃそうでしょ、いらない情報だから。
吉田　もうちょっと秋葉原感を出したいのかな。次は伊藤政則さんだけど、写真よかったね。
掟　やっぱりフォトジェニックですよ。政則さんはなんか知らないけど……。
吉田　掟さんがいい感じでナメられてるんだよね。「おい掟！」みたいな。
掟　そうそう、なんだろうね。基本は80年代とかのバラエティ番組のノリのまま生きてる方なんですよ。そこに乗っかる対象として向こうが勝手に決めてくるっていう。
吉田　だからボクらも新鮮なんですよ。「おい吉田！　おもしろいこと言ってみろ」みたいな、すごい雑なトスを上げられるから（笑）。
掟　雑でしたねえ、「なんかないの？」とかね。
吉田　なかなかトークイベントで振られたことのないトスでしたね。「インタビューのおもしろい話、はいどうぞ！」っていう。
掟　インタビュアーとしてはダメですもんね。大御所だから通ることですから、あれ。
吉田　ボクらふたりで政則さんのイベントに出たときにそういう洗礼を浴びて、ひたすら掟さんが追い込まれたという。
掟　「おまえ何やったんだ！」って刑事の取り調べみたいな。なんで俺は追い詰められてるんだ（笑）。
吉田　ボクがコロナになってZoom参加だったんでボクがちょっと入りづらかった結果、現場にいた掟さんがギュウギュウに詰められる展開になって。
掟　困ったけど、伊藤政則というものを理解してればまったく問題ないというか。
吉田　そうですよ、これがセーソクの法則です。
掟　ぜんぜん大丈夫です。なんの問題もございません！
吉田　光栄ですよ。あのメタルゴッドに。
掟　そうかなあ（笑）。
吉田　次が有野晋哉さん。
掟　いままで自分の属性というか、音楽が好きだっていうのは、ある程度の文化的なレベルに達すると当たり前、好きな歌手とかがいて当たり前だと思ってたのが。
吉田　ジャンルが違っても何らかの音楽は好きなはずだと思ってたよね。
掟　そうそうそう！　たとえばアニメが好きな人はアニメソングが好きだったり、映画が好きだったら映画音楽とか、何かそれに付随する音楽が好きだったりするじゃないですか。でもアイドルが好きなのにアイドルの音楽にまったく興味がない、それこそ音楽自体にこんなに興味がない人に初めて会いました。ちょっとビックリするぐらいで。

吉田 ただ、AKB以降は音楽よりも握手が好きな人種も増えてはいるんだよ。でも、それともまた別なんだよね。

掟 なんかすっごく不思議な人で。

吉田 かつてバンドやってたという噂もあったけど、そもそもバンドにも興味ないし。

掟 バンドも実はやってなくて、友達がやってるからたまたまスタジオに遊びに行った程度だったっていう。

吉田 なんの興味もない。一緒にイベントやったとき、小沢健二との交流についても掘り下げたんだけど、本当に何も知らないからフリッパーズ・ギターって聞いて、ギターのメーカーの人だと思いながら接してたっていう(笑)。それで、いわゆるブギーバック・マンションに出入りして、新曲とか弾き語りしてもらって、「へー、歌上手いんやね」とか話してたって聞いて衝撃的だった。

掟 すごいね、その興味のなさ。

吉田 アイドルのCDについてはボクも常々思ってることがあって、そもそもCDを聴ける環境にある人が圧倒的に少ない時代において、名刺代わりにCDを渡すっていうのはけっこうな謎のプレイなわけじゃん。

掟 いまノートパソコンにCDを読み込める機械がついてないからね。

吉田 外付けのディスクドライブでわざわざやらなきゃいけないわけで。

掟 CDっていうのは、よほど趣味人の嗜みになっちゃったわけじゃないですか。

吉田 アイドル文化ではCDを出して当たり前みたいになってるけど、あれを渡すっていうのはけっこうな踏み絵なんだよね。名刺代わりに渡されて裏で困ってる芸人さんをいっぱい見たことがあって、CDをもらって喜ぶボクみたいな人種と、困るそういう人たちしか知らなかったから、喜んで受け取って、盤を捨てるって人を初めて見た(笑)。

掟 捨てるとこまで! ちゃんと取り込んでるんだけど。

吉田 キチンとデータを整理してリスト管理もして捨てる。

掟 それがすごい潔いというか、自分の興味ないことに対してハッキリしてる。こういう人っているんだなっていう。

吉田 新鮮だったね。静かな狂気。

掟 かなりの変人ですよね。

吉田 わかりやすいサイコパスとはちょっと違うんだけど、何かが欠けてるのはわかる。

掟 われわれが道理だと思ってたものがぜんぜん通じない世界の人っているんだなっていう。

吉田 「だっていらないやん」って(笑)。

掟 「いらないもの持ってたってしょうがないでしょ」って(笑)。

吉田 アイドルのカレンダーについても、「過ぎた月のカレンダーあってもしょうがないやん」って(笑)。

掟 まあそのとおりではあるんですけど、別に日付が知りたくて買ってるわけじゃないんで(笑)。

吉田 あれって表紙も含めて7枚綴りとか13枚綴りのポスターみたいなものでしょ。

掟 それなのに「だって昔のカレンダー見返さないでしょ?」って(笑)。

吉田 ポスターを目の前で破り捨てたら失礼だっていう自覚がない。

掟 「いやポスターじゃないんです!」って(笑)。すげえよな捨てるって。

吉田 ちょうど、ぱいぱいでか美さんあらためでか美ちゃんが有野さんとラジオを始めることになったタイミングだったんだよね。で、「なんか情報ないですか?」って聞かれたから、「あの人はヤバい男ですよ」ってすべて教えたから、いきなりイジッてたね。当然、アイドルがCDを渡すじゃん、「捨てられるよ」って(笑)。

掟 もともと『BOMB』に連載に持ってるアイドル好きな人として認識してるから、そんな人がアイドルを好きになる部分を限定してると思わないじゃん。アイドル好きだったらなんとなく歌も聴いてるだろうしと思ったら、そこの歌の部分がバッサリ切れてるっていう。

吉田 歌だけじゃないもんね、人間性とかも興味がない。

掟 自分が思ってるとおりじゃないと好きじゃなくなる、だからグラビア見てるのが一番好きっていう、相当変わった人というか、人間というもの自体を信じてないというか。

吉田 松竹芸能、恐いね。みなみかわ、クロちゃん、有野さん。狂人集団だよ!

掟 恐いね。そりゃみんな辞めてくわ。クロちゃんもそうだけど、アイドル好きだっていう人のなかでも極北の人たち。真ん中の人はいないね。クロちゃんなんかは現場でも見たりしましたけどね。

吉田 アイドルに関してはまじめな人だけど、あの人も音楽に興味ないからね。

掟 有野さんに関しては、のりピーと結婚したくて芸人になったぐらいのイメージだったんだけど、本人に会ったらそんなこともなく。

吉田　スタートがそこだったのも大きいのかもね、中身に興味がなくなるのも。だって、のりピーの中身を知ったら困るわけでしょ。「お父さんがそっちだったの⁉」「薬物も⁉」みたいな。

掟　グラビアで見てた以上の情報はほしくないっていう。だからアイドルをアイドルとして見てる純粋な人なんですよ。偶像ではなく人間として知れば知るほど複雑な気持ちになって、好きでいていいのかわからなくなるんでしょうね。だから好きになる前にちゃんと幻滅しておきたいというか。

吉田　アイドルの周辺で仕事してる者として、まったく違う価値観の人に会うと新鮮でした。

掟　自分たちがふつうじゃないんだなっていうか。まあふつうだって意識はないんだけど、ホントに対極の人って世の中にいっぱいいるんだなって、思ってもみないところにね。

吉田　こっちは興味があるのが音楽だから、よく聴いてるけど曲しか知らない、メンバーの顔も名前も知らないとかいっぱいあるもんな。

掟　そういうのはあるね、音楽が好きでアイドルを聴いてるわけだから。アイドルに曲はいらないって人はなかなかね。

吉田　次が高千穂遙さん。これもまたZoom取材でしたけど。

掟　おもしろかったですね。

吉田　やっぱり歴史の証人はいいね。

掟　それこそアニメの制作現場の話から、プロレスの話から。

吉田　まったく使えない格闘技界の裏話から（笑）。

掟　大丈夫かなこれっていう。案の定ダメでしたけど（笑）。

吉田　ちゃんと調べる人だったから、いい話が出てくるんだよね。

掟　作家さんですから、自分の知らないジャンルに行くときは完全に下調べしてちゃんと取材してからじゃないと始められないっていう。SF作家っていうところで、思いつきの無根拠な空想科学を書いてるんでしょって思い込まれることも多々あっただろうし。だから現実のことを扱うにはちゃんと取材するっていう。当然のことなんですけど、そのへんできてない人もいますし。

吉田　あの日、ボクはちゃんとスタジオぬえに寄せて『超時空要塞マクロス』のMA-1と細野不二彦版『クラッシャージョウ』のTシャツを着てたんだけど。

掟　ちゃんとゆかりのある洋服を着て行くじゃないですか。そこは目ざとく発見してもらえたり。

吉田　ただ、それがZoomだと相手に伝わる届くわけもなく。

掟　まあ伝わらないよね（笑）。それも心意気ということで。高千穂明久と永源遙を合体させたペンネームって、本田恭章の役名を2つ足した京極夏彦方式だもんね。

吉田　でも1回、『SPA!』で福田和也が「グレート・カブキこと高千穂遙」って書いてたね。

掟　それだけ高千穂さんの知名度が高いってことですよ、高千穂明久時代を知ってる人もなかなかいないから。

吉田　日プロ時代の地味なレスラーとしてね。次はW★ING代表の茨城清志さん。よくこの人選が通ったなっていう。

掟　よく行ったよね、長野まで。わざわざ新幹線に乗って取材に行ったのって数えるほどしかないじゃないですか。そのひとつが茨城さんって（笑）。

吉田　ボクはプロレスの世界で仕事してたけど茨城さんは面識もなくて、なんとなく時間にルーズな大人しい人っていう印象しかなかったからインタビューが盛り上がるのか、そもそも時間通りに来るのか不安だったのが、ちゃんと時間前に来てて、会うなり「今日は自転車で来たんですか？」ってイジりにきたことに驚いた（笑）。

掟　ちゃんと吉田豪のことわかってんじゃねえかっていう。

吉田　「新幹線に決まってるじゃないですか！」って言ったあと、ちゃんと話に乗っかるべきだったと反省したね。ふつうに答えちゃダメだった。「疲れましたよー、もう足パンパンで！」とか言うべきだった。

掟　そういうキャラクターじゃないでしょ！　俺がよく「川泳いできたんですか？」って言われるのと同じだね。

吉田　そう振られると思ってなかったから、対応を考えてなかった。

掟　不意を突かれちゃって。でも、茨城さんおもしろかったですね。

吉田　声は死ぬほど小さいんだけど、ちゃんとおもしろい話してくれて。

掟　距離を取って話さなきゃいけない時期でしたから、なかなか聞き取れなくてね。でも、ヤバい話をちゃんとしてくれて。去年、Netflixで『GLOW』っていう80年の女子プロレス団体を描いたドラマをよく観てて。これ久しぶりに読み返してみたら、その『GLOW』は実在していて、茨城さんは日本に持ってこようとしてたっていうのがわかって。茨城さん『GLOW』と関わってたんだっていう。そんな事実もあったりして。

吉田　聞けば聞くほど儲からない団体にばかり関わってるんだよね。

掟　やっぱり山口日昇大先生と違って、成功したいっていうより、もう単純にプロレスが好きなんですよ。誰にも邪魔されずイニシアティブを取ってプロレス団体をやりたいってことだと思うんですけどね。ただお金の概念がまったくない人がたまたまプロレス団体に入っちゃったから、金儲けとか度外視するしかなくなっちゃった。経済観念が絶望的なまでにないでしょ。

吉田　完全に抜け落ちてるよね、「こうやったら黒字になる」みたいな発想がない。

掟　まずない。それより、どういう試合が観たいかとかで。

吉田　経費をどう抑えるのかみたいな発想がないからね。

掟　ないない。だから外人もガンガン呼んじゃうしね。

吉田　そりゃおもしろくなりますよ。

掟　自分が観たくて呼んでるんだから。自分のコネクションがあるところでね、外国人の招聘も、特派員で長いことやってた人だから英語ができて、向こうの団体とも接点があって。自分ができることを活かした結果がW★INGだとか90年代にわれわれを熱狂させてくれたプロレス団体につながってるだけであって。ただ、あまりにも身の周りでお金について茨城さんに文句言ってる人が多すぎるから。

吉田　まあ、気持ちはわかりますよ。いまだにW★INGのグッズとして揉めてる人たちの顔写真のバッジを売ってるからね、そりゃ怒るよ（笑）。

掟　ミスターデンジャー（松永光弘）のTシャツとか勝手に売ってるんだから、向こうにも文句を言う権利はありますよ。

吉田　でも、「松永だってW★INGのタオル売ってるんだから！」って（笑）。

掟　さすがですねえ。あんな人ばっかりが集まってたんだから、そりゃおもしろくて当然ですよ。デタラメのかたまりみたいなのが大好きだから、観る側としても。

吉田　その流れを受け継いで団体をやったのが新宿2丁目のボスみたいな人だったわけでしょ、浅野金六社長。そんなのおもしろいに決まってんじゃん。人脈がどうかしてるんだから。

掟　金六さん、花膳のお弁当売りがんばって！

吉田　最後に山田邦子さん。クニちゃんよかったね、唯一の2回目の登場ですよ。

掟　『M－1グランプリ』の審査員が特にそうでしたけど、おもしろいと思ったものに素直に飛び込んでいける人。どう思われるかっていうことをまったく気にしてない人なんだなっていう。

吉田　あまりにも売れすぎちゃったせいでその後は時流に合わない時期もあったけど、完全にひと回りした感があるね。ひと回りした結果、こんなに現代の芸能界とか何も考えないで振る舞える人がいるんだって感じになって。

掟　しがらみと一番遠いところにあるのが不思議でしたね。

吉田　『M－1』で島田紳助の話をして「なんでみんなこんなに固まるんだろうね？」みたいな。

掟　かといって無邪気すぎないしね。あっけらかんとしてるんですけど。

吉田　使わなかったけど、ちょうどこれが巌流島興行の翌日だったんだよね。会うなり「昨日、巌流島に行ったのよ。私以外、全員反社」って言われて爆笑した（笑）。あれで持ってかれたね。

掟　こちらが喜ぶことをよくわかってる。まあ、そのとおりだったんでしょうけど。

吉田　致命的な大失敗興行だったからね。

掟　昔から、今日は最前のほう、そちらの方々ばっかりだなっていうプロレス興行はよくありましたからね。

吉田　クニちゃんインタビューではボクがたまにしか使わない裏技を使っていて。他の媒体でやったとある芸人さんのインタビューで、『ひょうきん族』時代の紳助さんがいかにエグい飲み方をしてたのかっていうのをかなり克明に聞いていて。原稿チェックで全部カットになったんだけど、これはもったいないからなんとかしたいと思ってそのエピソードを全部クニちゃんに振って、クニちゃんに話してもらって載せるっていう（笑）。

掟　そしたら問題ない。そこはクニちゃんと紳助さんの関係性もあるしね。クニちゃんだったら言っても問題ないだろうっていう。

吉田　●●●●●さんだと自分のイメージもあるからカットになるけど。

掟　●●●●●●なんだ（笑）。

吉田　いま政治的にまじめなこと言う人になってるから。

掟　より嫌いになるね。

吉田　ダハハハハ！　無茶苦茶おもしろかったんだけど。かなり具体的にクニちゃん宅でのオナニー対決の話を聞いたんだよ。レフェリーが誰でタイムキーパーが誰でとか全部具体的に聞いてて。

掟　誰が先にイケるか。それをクニちゃんはふつうに答えてくれる（笑）。不思議だよね、自分がその当事者になってない。当時はたけしさんとかに「邦子、ヤラしてくれ」って冗談半分で言われたりもしてるしね。

吉田　まあ、そういう時代ですよ。

掟　何をすると芸能的にマズいとかがいまだにないというか、ずっとないまま来てるのかなとも思うんですけどね。そのへんやっぱ強いなと思いましたね。だからクニちゃんの時代がもう一回来るかもしれないですね。

吉田　そんな感じちょっとあるよね。『M-1』で叩かれたのがうまいこと転がってる感じ。

掟　一時、売れすぎたことによる反発の時代から、またちょっといい方向に転がってきてるなと思いましたね。

吉田　プロレスに関わって嫌われた流れがあったのが、いま世の中的にはクニちゃんがベビーで馳浩がヒールになってるじゃん。こんな時代が来るとは思わなかったよ。

掟　しかも「馳さんは当時こんなことがありました」ってみんなツイッターとかでボロクソ書かれてる（笑）。

吉田　「馳は最悪だった！」みたいな。まさか鈴木智彦さんまで入ってくるとは。ヤクザライターが言うならホントだろうなって。

掟　信憑性高すぎだよ！

PROFILE

吉田 豪

1970年、東京都出身。プロ書評家、プロインタビュアー、ライター。徹底した事前調査をもとにしたインタビューに定評があり、明石家さんま、矢沢永吉、秋元康、羽海野チカなど数多くの著名人より厚い信頼を受けている。主な著書に『男気万字固め』、『人間コク宝』シリーズ、『サブカル・スーパースター鬱伝』、『書評の正座』、『聞き出す力』シリーズなど。

掟ポルシェ

1968年、北海道出身。ニューウェイヴ・バンド「ロマンポルシェ。」ボーカル＆説教担当。ほかにも執筆、俳優、声優、DJなど幅広いジャンルで活躍中。主な著書に『説教番長・どなりつけハンター』、『男道コーチ屋稼業』、『男の！ヤバすぎバイト列伝』、『豪傑っぽいの好き』、『食尽族 読んで味わうグルメコラム集』など。

初出　前川 清の巻（『CONTINUE』Vol.58）／田代まさしの巻（『CONTINUE』Vol.60）
上坂すみれの巻（『CONTINUE』Vol.61、Vol.62）／m.c.A・Tの巻（『CONTINUE』Vol.63）
鬼越トマホークの巻（『CONTINUE』Vol.65）／池畑慎之介の巻（『CONTINUE』Vol.69）
美川憲一の巻（『CONTINUE』Vol.70、Vol.71）／根本 凪の巻（『CONTINUE』Vol.72）
伊藤政則の巻（『CONTINUE』Vol.73）／有野晋哉の巻（『CONTINUE』Vol.74、Vol.75）
高千穂遙の巻（『CONTINUE』Vol.76）／茨城清志の巻（『CONTINUE』Vol.77）
山田邦子の巻（『CONTINUE』Vol.81）　上記の連載原稿を大幅に加筆修正して掲載しています。

編集　河上 拓
林 和弘（太田出版）

デザイン　大橋一毅

表紙写真　松崎浩之

本文写真　辺見真也（前川清、m.c.A・T、鬼越トマホーク、
池畑慎之介、美川憲一、根本 凪、
有野晋哉、山田邦子）
松崎浩之（田代まさし、上坂すみれ、伊藤政則、
高千穂遙、あとがき）
河上 拓（茨城清志）
ヘアメイク　井上好美（m.c.A・T）

電池以下　掟ポルシェ 編

2023年3月25日　第一刷発行

著者　吉田 豪
掟ポルシェ

発行人　森山裕之

発行所　株式会社太田出版
〒160-8571　東京都新宿区愛住町22 第3山田ビル4F
電話 03-3359-6262
振替 00120-6-162166
ホームページ http://www.ohtabooks.com/

印刷・製本　株式会社シナノ

ISBN978-4-7783-1850-5 C0095